경성대학교 한국한자연구소
HK+ 한자문명연구사업단 한자총서 04

갑골문
실용자전

유래를 품은 **한자**
문자학자의 인류학 여행기

허진웅 저
하영삼·김화영 역

도서출판 3

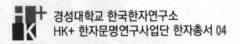

경성대학교 한국한자연구소
HK+ 한자문명연구사업단 한자총서 04

유래를 품은 한자 ❼ 갑골문 실용 자전

저자 허진웅(許進雄)
역자 하영삼·김화영
디자인 김소연
펴낸곳 도서출판3

초판 1쇄 인쇄 2021년 1월 10일
초판 1쇄 발행 2021년 1월 15일

등록번호 제2018-000017호
전화 070-7737-6738
전자우편 3publication@gmail.com

ISBN: 979-11-87746-51-5 (93710)

This work was supported by the Ministry of Education of the Republic of Korea and the National
Research Foundation of Korea (NRF-2018S1A6A3A02043693)

유래를 품은 한자
제7권
갑골문 실용 자전

허진웅 저
하영삼·김화영 역

목차

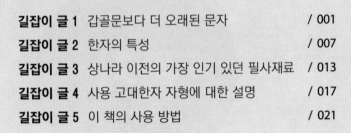

갑골문보다 더 오래된 문자

지금까지 대량으로 보존된 최초의 한자는 상나라 때의 '갑골문(Bone Inscriptions)'으로 기원전 13~기원전 11세기에 등장했습니다. 주로 점을 치는데 사용되는 거북 껍질과 소의 어깨뼈에 이 문자들을 칼로 새겼는데, 3천년 이상 지하에 묻혀 있었지만 상당한 훌륭한 상태로 보존되었습니다. 이에 비해 대나무 쪽에 기록된 다른 문자는 모두 썩어 없어지고 말았습니다.

갑골문에는 4천5백 개가 넘는 도형이 존재합니다. 이렇게 많은 개별 숫자가 존재한다는 것은 이것이 초기 문자 시대의 산물일 수 없다는 말입니다. 이는 수많은 세월의 진화를 거쳐 형성된 것이라 해야 할 것입니다. 그럼 얼마나 많은 시간이 경과한 것일까요?

일단 인류 공동체가 확장되면 발화한 후 흔적 없이 사라지고 마는 말 대신에 다른 사람에게 전하고, 먼 곳으로 전달하고, 후대에까지 전수될 수 있도록 글자를 창제하여 광범위한 일의 내용을 기록하는 것이 필요합니다. 따라서 문자는 고도로 문명화된 사회의 산물이며 국가 건립의 중요한 조건으로 간주됩니다. 중국에는 황제(黃帝)의 사관이었던 창힐(倉頡)이 한자를 창제했다는 전설이 있으며, 중국의 역사도 황제부터 시작되었다는 전통을 가지고 있는데, 이는 사람들이 일반적으로 문자와 문명이 밀접하게 관련되어 있다고 믿고 있음을 보여줍니다.

문자는 오랜 시간을 거치면서 많은 사람들의 창조와 선택과 개선을 통해서 서서히 체계를 갖추게 되고 그렇게 해서 사용자들에게 받아들여집니다. 그래서 문자의 사용을 확실히 반영할 수 물질적 증거는 체계의 형태가 완성되고 나서 한참 후에야 나타나게 됩니다. 어떤 문자를 사용하더라도 그 체계가 성립된 최초 단계의 연대를 확인하는 것은 매우 어려운 일입니다. 따라서 중국에서 언제부터 한자가 쓰여 졌는지에 대한 학자들의 추측은 수 천 년의 시간 차이를 보이는 등 의견이 분분합니다.

특정 한자의 창의성으로부터 우리는 한자의 기원에 관한 문제를 탐구할 수 있습니다. 상나라 때의 갑골복사는 단단한 표면에 칼로 새겨졌습니다. 굴곡진 곡선은 표시하기가 쉽지 않기 때문에 둥근 이미지는 종종 정사각형이나 다각형 모양으로 새겨졌습니다. 문자가 원과 사각형의 두 가지 방법으로 써진 것이 있다고 할 경우, 둥글게 그려진 문자가 이른 시기의 이전의 필사법입니다. 갑골복사의 곽(郭)자는 네 방향으로 조망을 할 수 있는 감시대가 세워진 성벽의 모양입니다. 글자의 모양이 너무 복잡해서 좌우의 감시대는 생략하고 단순화했습니다. 성 안에는 많은 주민들이 모여 살아 큰 도시가 되었고, 그래서 여기에다 성읍을 뜻하는 읍(邑)을 더하여 지금의 곽(郭)자가 되었습니다.

지금까지 중국에서 발견된 가장 오래된 성벽은 하남성 정주(鄭州) 북부 교외의 서산(西山) 유적지에 있으며, 지금으로부터 5천3백년에서 4천8백년 전에 건설되었습니다. 성의 평면은 약간 원형으로 되어 갑골복사로 표시된 이미지와 일치합니다. 그러나 이미 발견된 많은 초기 성벽은 모두 약 4천년 전의 용산(龍山) 문화 시기의 것들입니다. 예컨대, 산동성 장구(章丘)의 성자애(城子崖), 하남성 등봉(登封)의 왕성강(王城崗)과 회양(淮陽)의 평량대(平糧臺) 등등이 그것들인데, 이들 성벽의 평면은 모두 정사각형입니다.

인류 건축의 발전 과정으로 볼 때, 원형은 일반적으로 직사각형보다 시기가 빠릅니다. 예를 들어, 둥근 모양의 동굴 집은 직사각형의 지상 건물보다 이른 시기의 것입니다. 자주 이동하는 유목민은 노동력을 절약할 수 있는 둥근 형태를 선호하는 반면, 정착 농민은 일반적으로 직사각형 형태를 채택합니다. 갑골문은 칼로 새긴 문자이기 때문에 원형을 그려내는 것이 불편해 일반적으로 둥근 것을 직사각형으로 조각했습니다. 따라서 갑골문에서 곽(郭)자가 이미 원형으로 나타나 있을진대 이는 문자를 창제한 사람이 보았던 성의 둘레가 둥글다는 것을 의미합니다. 원형 외곽선이 있는 성의 둘레는 상나라에서 더 이상 볼 수 없지만 글자에는 상나라 이전의 정확한 형상을 여전히 유지하고 있습니다. 그래서 이 글자의 창제 시기는 사각형의 둘레가 등장한 시대 이전이어야 합니다. 이 글자의 나이는 빠르면 5천 년 전이고, 늦어도 직사각형 벽을 지었던 후기 용산 문화보다 늦지는 않을 것입니다. 그래서 이 글자의 하한선을 4천 년 전으로 봅니다.

중국 문명은 1만여 년 전 중국의 남부에서부터 발전하기 시작했으며, 날씨가 매우 더워지면서 사람들은 더 시원한 북쪽으로 이동하여 동서의 두 가지 다른 문화 유형을 형성하게 되었습니다. 그렇다면 한자의 출처는 동쪽일까요? 아니면 서쪽일까요?

문자의 발전에는 공통된 경로가 있습니다. 초기 문자들은 사물의 구체적인 형상을 주로 보여 주었는데, 표형(表形) 방식이 그것입니다. 그런 다음 점차적으로 개념을 나타내고 사고에 호소하는 표의(表意) 방식으로 들어갑니다. 마지막에는 과도한 수요와 문자 생성의 복잡성으로 인해 의미를 표현하기 위해서는 주로 음성 기호를 사용하는 표음(表音) 시대로 발전했습니다. 한자도 예외는 아니어서 이 세 단계를 경험했습니다. 표형(表形)으로부터 표의(表意)로 진입했고 마지막에는 표음(表音)의 단계로 들어갔습니다. 갑골문은 이미 이 표음(表音)의 단계에 들어서 있습니다.

초기 한자의 흔적은 현재 산동성 거현(莒縣) 능양하(陵陽河)의 대문구(大汶口) 문화 말기 유적지에서 볼 수 있는 도기에 새겨진 각획부호가 대표적인데, 탄소 14동위원소 측정에 의한 시대는 기원전 2500~기원전 2000년에 해당합니다(아래 그림).

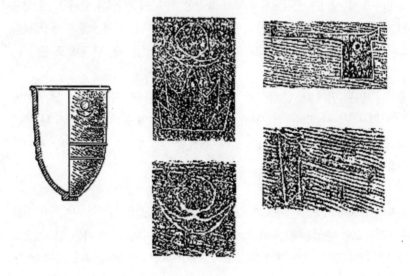

이러한 그림은 아가리가 큰 항아리의 외벽에 개별적으로 새겨져 있으며, 아가리의 가장자리 부위라 매우 눈에 잘 띄게 되어 있어 의도적으로 표시한 것이 분명해 보입니다. 아가리가 큰 도기 항아리는 아마도 모든 사람이 마실 수 있도록 일하는 곳에 설치되어 있었을 것입니다. 도기 항아리에 그려진 그림은 모두 어떤 물체의 구체적인 형상의 특징을 그려냈는데, 아마도 다른 공동체를 나타낼 수 있는 기능을 했을 것입니다. 이들 그림들은 선과 윤곽을 사용하여 물체를 묘사했기 때문에, 이후 시기의 갑골문 및 금문의 자형과 일맥상통하고 있습니다. 대문구 문화의 이러한 도기 문자 중 한 가지 형태는 매우 중요한 의미를 갖습니다.

그것은 아침 해가 구름 낀 산 위로 떠올랐다는 것을 의미하는 단(旦)자의 초기 형태일 수 있습니다. 이 기호는 위에서부터 아래로 각각 태양과 구름과 산의 세 가지 요소로 구성됩니다. 고대인들은 대부분 언덕이나 물줄기 옆에 살았기 때문에 오구씨(吾丘氏)나 양구씨(梁丘氏)라는 호칭처럼 그들이 살았던 언덕이나 강의 이름을 따서 자신의 이름을 짓거나 자신의 씨족 명을 만들었습니다. 따라서 이 도형은 산(山)이 의미부이고 단(旦)이 소리부인 글자로 분석할 수 있습니다. 그것은 산간 지역에 살았던 단족(旦族)이라는 사람들을 나타내는 데 사용되었을 것입니다. 그림 기호를 씨족의 이름이나 개인의 이름으로 사용했다는 것은 임의로 즉흥적으로 그린 그림과는 매우 다른 의미를 갖습니다.

사람들이 돌도끼의 그림을 보면 즉시 긴 손잡이를 가진 '돌도끼'를 말하는 근(斤)이라는 한자를 외칠 가능성이 있지만, 모든 사람이 그것을 근(斤)으로 읽거나 근(斤)을 하나의 어휘로 사용하지는 않습니다. 그리고 돌도끼를 부르던 명칭도 각 부족이나 씨족에서 반드시 동일하지도 않습니다. 그러나 이 도형이 특정 부족이나 개인을 나타내기 위해 선택되면 이들 부족이나 개인과 친숙한 모든 사람들이 이런 일련의 과정을 통해 이 도형을 동일한 발음과 동일한 의미로 견고하게 결합하게 됩니다. 그래서 독음과 의미와 도형이라는 세 가지의 긴밀한 조합은 문자 창제를 위한 기본 조건을 갖추게 됩니다. 따라서 도형 기호를 씨족의 대표자로 사용하는 것은 종종 잘 정의된 문자 체계를 생성하는 중요한 방법의 하나입니다.

문자 생성의 관점에서 볼 때 이 세 가지 속성으로 구성된 그림은 더 이상 원시적인 그림 문자 즉 상형자(象形字)가 아니라 추상적인 의미를 표현하는 상의자(象意字)이며, 심지어는 세 번째이자 가장 진보한 유형인 음성 요소를 포함한 형성자(形聲字)가 되는 것입니다. 대문구의 이러한 그림은 이미 문자 기능을 가졌던 것으로 간주되는데, 이는 명확하고 신뢰할 만한 사실입니다. 따라서 기원전 2천5백년에서 기원전 2천년까지의 시대, 중국 동부의 씨족들은 체계적인 문자의 초기형태를 가졌을 것이며, 이것이 상나라 갑골문의 근원이 되었습니다.

한자의 특성

독자적으로 발전한 고대문자 체계는 여러 가지가 있는데, 그중 가장 유명하고 잘 알려진 것은 이집트의 신성문자, 메소포타미아 쐐기문자, 그리고 한자입니다. 기본적으로 이들은 모두 그림 형식에서 근원한 표의 기호를 근간으로 삼는 문자 체계입니다. 오늘날 다른 고대문자 체계는 이미 없어지거나 알파벳 문자로 대체되었지만 한자는 여전히 그림 형식의 표의적 특성을 유지한 채 알파벳 체계로 진화하지 않았습니다. 거기에는 그럴 수밖에 없는 이유가 존재합니다.

과거에는 중국의 국력이 약하고 과학이 발달하지 않았는데, 어떤 사람들은 이 이유를 한자가 배우고 쓰기에 너무 어려워서 공부를 방해했다는 데서 찾았습니다. 또한 한자의 의미가 정확하지 않아 과학 발전에 도움이 되지 않았으며 그래서 중국의 과학이 서구 국가만큼 발전하지 못했다고 하면서, 중국문자를 알파벳화해야 하며 심지어는 한자를 폐기해야 한다는 급진적 주장도 생겨났습니다. 그러나 오늘날 중국이 부강해지면서 서구 세계와의 격차가 좁아지게 되자 그러한 극단적인 주장은 사라졌습니다. 그렇다면 객관적으로 말해 한자 그 자체에 우수한 특성이 존재하는 것일까요?

각 민족의 언어들은 모두 천천히 변해왔습니다. 알파벳 체계를 사용하는 문자들은 언어(말)의 변화 사항을 반영하기 위해 철자법을 변경하였기 때문에 언어의 여러 단계가 전혀 관련이 없는 이질적인 존재처럼 보입니다. 발음과 독음의 변화는 개별 어휘뿐만 아니라 어떨 때에는 문법 구조도 변화시켜 같은 언어 체계의 다양한 방언이 너무 많이 달라서 전혀 의사소통을 할 수 없도록 만들기도 했습니다. 그래서 특별한 훈련 없이는 100년 전의 텍스트조차 제대로 읽을 수가 없습니다. 그러나 유독 한자만이 문자와 어휘의 발음과 외양도 크게 변했지만 수천 년 전의 문서를 읽는 것이 그렇게 어렵지 않습니다. 이것이 한자의 큰 특징 중의 하나입니다. 이러한 특성으로 인해, 미래세대는 고대의 중국문화를 매우 큰 어려움과 장애물 없이 탐험할 수 있을 것입니다.

서양 세계가 알파벳의 길을 걷기 시작한 이유는 언어의 특성에 영향을 받아서 그렇게 되었을 것입니다. 서양 언어는 다음절어 체계에 속합니다. 단순한 음절 몇 개를 조합하여 의미가 다른 어휘를 쉽게 만들어 낼 수 있습니다. 음절이 많기 때문에 자연스럽게 가능한 조합이 많고, 여러 음절을 사용하여 오해 없이 정확한 의미를 표현하기도 쉽습니다. 하지만 중국어는 단음절에 초점을 맞추고 있어 발음할 수 있는 음절이 제한되어 있습니다. 의미를 표현하기 위해 단음절 발음 기호를 많이 사용하면 어쩔 수 없이 의미에 혼동이 일어나기 때문에 자연스럽게 알파벳의 길을 가는 대신에 오늘날의 형식으로 발전했던 것입니다.

한자는 의미를 표현하기 위해 음표를 사용하지 않았기 때문에 문자 형태의 변화는 언어(말)의 진화와 직접적으로 관련되지 않았습니다. 예를 들어, 대(大)라는 글자의 경우, 진(秦)나라 이전 시대에는 /dar/로, 당나라와 송나라 때에는 /dai/로 읽고, 오늘날에는 /da/로 읽습니다. 또 다른 예로, 목(木)자의 경우, 진나라 때에는 /mewk/, 당나라와 송나라 때에는 /muk/으로 읽었지만, 오늘날에는 /mu/로 발음됩니다. 자형을 가지고 말하자면, '오래된'이라는 뜻의 석(昔)자의 경우, 갑골문에 표현된 ❶과 같은 여러 자형들을 보면 상나라의 홍수 통제 기술이 향상되어 홍수가 이미 주요 재앙이 아니기 때문에 이 글자로 이미 '지나간

날이라는 의미를 표현했습니다. 그 후 주나라 때의 금문에 이르면 ❷처럼 변했습니다. 그리고 진나라의 문자 통일 이후 소전체(昔)처럼 변했습니다. 한나라 이후로는 더욱 필세를 변경하여 예서(隷書)와 해서(楷書)체가 되었고, 다시 오늘날의 형태인 석(昔)이 되었습니다.

수천 년 동안 한자는 그림과 같은 상형 문자에서 오늘날 매우 추상적인 구조로 변화했지만, 여전히 이 자형의 변화 과정을 추적할 수 있고 약간의 훈련만으로 그것을 해독할 수 있음을 알 수 있습니다.

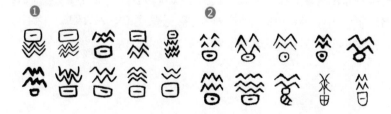

융합과 포용은 한자의 가장 큰 특징이며, 하나의 글자 속에 수천 년 동안의 다양한 자형 변화를 포함 할뿐만 아니라 수천 년 동안 다른 시대와 다른 지역의 다양한 독음과 의미도 포함합니다. 약간의 훈련만으로도 상나라 이후 3천년 이상의 문헌을 읽을 수 있을 뿐만 아니라 향후 고고학 발굴에서 새로운 발견이 있을 경우 더 이른 시기의 문자도 실마리를 찾아가며 식별할 수도 있습니다. 또한 당나라 때 그 글자를 어떻게 발음했는지도, 또 당시의 시문도 읽을 수 있습니다. 마찬가지로, 다른 지역의 방언으로 서로 대화는 할 수 없지만 글자의 모양이 같기 때문에 필담을 통해 서로 소통할 수도 있습니다. 중국은 영토가 넓으며, 지역도 또 산과 강으로 분리되어 거기에 속한 종족들도 상당히 복잡하지만, 하나로 통합될 수 있었습니다. 이렇게 할 수 있는 데에는 한자의 특성이 가장 중요한 요소가 되었습니다.

한자는 겉으로는 매우 복잡해 배우기가 쉽지 않은 것처럼 보입니다. 그러나 실제로 한자의 창제에는 일정한 규칙을 가지고 있어, 하나를 추리하면 다른 것까지 이해할 수 있습니다. 또한 일관된 논리를 가지고 있기 때문에, 모든 한자를 암기할 필요가 없습니다. 특히 한자의 구조는 끊임없이 변화하고 있어, 필획이 우아하며 아름답고, 스타일이 독특하여 특유의 서예 예술을 형성하게 되었습니다. 이것들은 알파벳 문자 체계의 문화와 비교할 수 없는 부분입니다.

고대 세계 문명의 표의 문자는 그 당시 사회의 면모를 이해할 수 있게 해 줍니다. 이 문자들은 그림 같은 성질이 매우 강하기 때문에 당시 존재했던 동식물과 사용한 기물을 알려줄 뿐만 아니라 문자를 만들 때의 아이디어와 의미를 표현하는 데 사용된 사물에 대한 정보를 엿볼 수 있게 해줍니다. 문자의 진화과정을 추적할 때 어떤 때에는 고대 기물의 사용상황, 풍습, 중요한 사회제도, 가치관념 또는 공예와 기술 등의 진화 흔적을 알 수도 있습니다.

초기의 서양 문자에서는 음절로 표현하는 것에 중점을 두었기 때문에, 이미지로 표현되는 문자가 중국보다 훨씬 적었고, 그래서 고대 사회의 상황을 탐구하는 데 사용할 수 있는 자료가 상대적으로 적었습니다. 그러나 중국어는 단음절을 위주로 하기 때문에 동음이의어의 혼동을 피하기 위해, 말(음성언어)에 크게 의존하는 대신에 그림을 통해 추상적 개념을 표현하고, 삶의 경험과 연상을 활용하여 문자를 창제하려고 하였습니다.

상형 문자의 특징은 그림의 모양과 구조를 통해 사람들이 그림이 표현하고자 하는 의미를 이해하는 것입니다. 형상이 있는 개체의 경우 모양을 설명하는 것만으로 그 목표를 달성할 수 있습니다. 그러나 대다수의 글자들이 형체를 넘어서 추상적인 의미를 지닌 것들입니다. 이들은 공통된 경험을 통해서만 쉽게 이해하고 받아들일 수 있습니다. 따라서 문자는 글자를 창조할 당시의 많은 정보를 제공해 줄 수 있으며, 특정 정보를 바탕으로 해당 글자가 만들어진 시대를 판단할 수도 있습니다. 문자의 변화를 추적하는 과정에서 어떤 경우에는 중요한 사회제도나 공예의 발전 과정도 알 수 있습니다.

예를 들어, 장례 풍습의 경우, 고고학적 발굴은 매장의 자세, 매장할 기물과 같은 정적인 정보만 알려줄 수 있습니다. 그러나 문자의 탐구를 통해 우리들은 고대 사람들이 살아있는 노인을 막대기로 때려서 죽이는 것에서부터 관을 이용해 죽은 사람을 묻는 것까지 어떻게 진화했는지를 알 수 있습니다.

상나라 이전의 가장 인기 있던 필사재료

중국과 서양의 필사 습관은 매우 다릅니다. 서양의 필사방향은 주로 왼쪽에서 오른쪽으로 가로로 먼저 쓰고, 그런 다음에 다시 위에서 아래로 씁니다. 때로 위에서 아래로 써야 할 때도, 대부분 왼쪽에서 오른쪽으로 씁니다. 그러나 고대 한자의 필사 습관은 위에서 아래로 쓰며, 그런 다음 오른쪽에서 왼쪽으로 씁니다. 이렇게 독특한 필사 습관이 정착된 것에는 분명 이유가 있을 것입니다. 연구를 통해, 이는 필사 도구의 영향 때문이라는 것을 알게 되었습니다. 갑골문은 단단한 점복용 뼈에다 칼로 새긴 것이지만, 상나라 사람들이 일반적으로는 대나무쪽에 붓으로 글을 썼다는 것은 믿을만한 확실한 이유가 있는 사실입니다. 이를 다음의 몇 가지 측면에서 대략적으로 논의해 보고자 합니다.

첫 번째는 붓과 관련된 창의성의 관점입니다. 필(筆)이라는 글자의 초기 형태는 율(聿)인데, 갑골문에서는 한 손으로 붓을 잡고 있는 모습(𦥑, 𦥑)입니다. 고대 중국에서는 대나무 관을 붓대[筆管]로 많이 사용했기 때문에 율(聿)자에다 '대나무'를 뜻하는 죽(竹)자를 추가하여 필(筆)이라는 문자가 되었습니다. 붓은 먹을 묻히지 않았을 때에는 붓털이 흩어집니다. 그러나 먹을 찍기만 하면 붓 봉은 하나로 모아져서 필사가 가능하게 됩니다. 갑골문에서 서(書)자는 한 손으로 붓대를 잡고서 먹을 찍는 모습(𦥮)인데, 이로써 먹을 묻힌 붓으로 글씨를 쓸 수 있다는 의미를 그렸습니다.

또한 갑골문의 화(畫)자는 한 손에 붓 봉이 모였거나 흩어진 모습의 붓을 잡고 교차하는 도안을 그리는 모습(🐾, 🐾)입니다. 금문의 수(肅)자는 한 손에 붓을 들고 수놓을 밑바탕 그림인 복잡한 대칭형의 도안을 그리는 모습(🐾)입니다. 또 갑골문에서 주(晝)는 붓을 든 한 손과 태양을 뜻하는 일(日)이 조합한 모습(🐾)으로, 글을 쓸 수 있는 시간대가 '낮'임을 표현했습니다. 이러한 예들을 통해 상나라 때에는 이미 붓이 일반적으로 사용되어 글쓰기, 그림 그리기, 자수의 밑그림, 시간 등과 관련된 의미를 표현하는 데 사용된 것으로 추론할 수 있습니다. 사실, 6천여 년 전 서안(西安) 반파(半坡) 유적지의 도기에 그려진 채색 그림에서도 완전한 붓의 흔적을 볼 수 있습니다.

두 번째는 필사 재료라는 관점입니다. 건조하고 평평한 것이라면 무엇이든 필사 재료로 사용할 수 있지만, 여러 측면에서 봤을 때 중국의 필사 방향의 습관에 영향을 미친 것은 대나무쪽으로, 이는 적어도 상나라 때부터 이루어졌습니다. 『상서·다사(多士)』에서는 "오직 상나라 선조들께서 경전도 있었고 책도 있었다네.(惟殷先人, 有典有冊.)"라고 노래했습니다. 여기서 말한 경전[典]과 책(冊)의 의미는 대나무로 만든 책입니다. 갑골문에서 책(冊)자는 길이가 고르지 않은 여러 개의 대나무쪽을 줄로 엮어 책을 만든 모습(🐾, 🐾)입니다. 그리고 전(典)은 일상 기록이 아닌 중요한 경전을 의미하기 때문에, 두 손으로 정중하게 받들고 있는 모습(🐾, 🐾)을 했습니다.

지금으로부터 수천 년 전 중국 북부의 기후는 오늘날보다 더 따뜻하고 습기가 많았습니다. 대나무가 자라기에 어렵지 않은 환경이었습니다. 필사 재료로서 대나무는 저렴한 가격, 손쉬운 생산 및 내구성과 같은 많은 장점이 있습니다. 대나무를 수직으로 똑바로 쪼개기만 하면 긴 띠 모양의 조각이 되고 약간의 가공을 거치면 필사가 가능한 평평한 면을 얻을 수 있습니다. 여기에다 불을 사용하여 구워 말리면 잘 썩지도 않습니다. 길고 좁은 표면에 글씨를 쓰려면 위에서 아래 방향의 세로로 쓰는 것이 가로로 쓰는 것보다 훨씬 편리합니다. 가로로 쓰면 구부러진 대나무 뒷면이 쓰는 동작의 움직임을 방해하여 안정성이 떨어집니다. 대부분의 사람들은 오른손으로 글을 쓰고, 왼손으로 세로 방향의 대나무쪽을 잡기가 쉽습니다. 필사를 마친 후에는 왼손을 사용하여 대나무쪽을 오른쪽에서부터 왼쪽으로 하나씩 배열합니다. 이로부터 중국의 독특한 필사 형태인 위에서 아래로, 오른쪽에서 왼쪽으로 배열되는 형식이 만들어졌습니다.

세 번째는 자형적인 측면의 고찰입니다. 때때로 갑골문에 가로 쓰기로 새겨진 구나 문장이 등장하기도 합니다. 후대의 사례로 봤을 때, 이는 상나라 때 필사의 재료로 나무쪽이나 비단 등과 같은 표면이 넓은 재료를 사용했다는 것도 추론할 수 있습니다. 붓으로 글씨를 쓸 때는 먹이 서서히 마르기 때문에 여러 줄을 쓸 수 있는 면에 글씨를 쓸 경우 손이 먹을 더럽히지 않도록 하는 이상적인 방법은 왼쪽에서 오른쪽으로 하는 것입니다. 그러나 중국어의 필사 습관은 뜻밖에도 오른쪽에서 왼쪽인데, 이는 한 줄로 된 대나무쪽을 주요한 필사 재료로 사용했기 때문이라 추정할 수 있습니다. 대나무는 왼손으로, 붓은 오른손으로 잡고, 필사 후에는 왼손으로 대나무를 놓는 버릇 때문에 오른쪽에서 왼쪽으로 하나씩 써 나가는 중국의 독특한 필사 습관이 만들어졌던 것입니다.

대나무쪽은 너비에 제한이 있어 여러 줄로 쓸 수 없을 뿐만 아니라 글자를 너무 굵거나 넓게 쓰는 것도 불편합니다. 그래서 글자의 구조도 자연스럽게 좁고 긴 형식으로 발전했습니다. 여러 구성 요소로 조합된 한자는 가로 방향으로의 확장을 방지하기 위해 가능한 한 위아래의 방향으로 발전해야 했습니다. 이런 결과로, 넓고 긴 몸통을 가진 동물의 경우 몸통을 뒤집거나, 앞으로 향하게 하고, 네 발을 모두 허공에 내걸거나, 꼬리를 아래에 두어야했습니다 예컨대, '코끼리를 뜻하는 상(象, 𧰨, 𧱁), '호랑이'를 뜻하는 호(虎, 𧆌, 𧆡), '말'을 뜻하는 마(馬, 𩡱, 𩡬), '개를 뜻하는 견(犬, 𤝔, 𤜵), '돼지'를 뜻하는 시(豕, 𧰧, 𧰿) 등과 같은 상형자들이 모두 그렇게 되었습니다. 글자의 구조가 가로로 폭이 넓은 경우에는 글자를 구성하는 일부를 생략하여 좁고 긴 모습으로 만들었습니다. 예를 들어 '성곽'을 뜻하는 곽(郭, ✛)자는 원래 4개의 조망대가 있었지만, 나중에 동쪽과 서쪽에 있는 조망대를 생략함으로써 좁고 긴 모양의 자형으로 변했습니다.

표면이 넓은 갑골문의 경우에도 그 위에 새겨진 점복문자들은 이미 좁고 긴 형태가 주된 형식으로 자리 잡았습니다. 이렇게 볼 때, 상나라 때의 가장 대표적인 필사 재료는 바로 나무쪽이나 비단처럼 표면이 넓은 재료가 아닌 대나무쪽이었다고 추론할 수 있습니다. 그렇지 않다면 자형의 너비를 제한할 필요가 없었을 것입니다. 대나무쪽의 경우, 먹을 흡수하면 더 이상 지울 수 없으며, 쪽지의 너비가 좁아 줄을 그어 지운 후 그 옆에다 글씨를 써서 수정할 수가 없습니다. 그래서 실수로 잘못 쓰면 칼로 잘라내고 다시 쓸 수밖에 없습니다. '삭제하다'는 뜻의 산(刪)자는 대나무로 된 책 옆에 칼[刀]이 놓인 모습이며, 이로써 삭제하다는 의미를 표현했습니다. 종이가 대중화되기 전에는 책과 칼은 문인들이 가지고 다니는 필수 문방구였기 때문에, 동주 시대의 무덤에서는 책과 칼이 종종 필사 재료와 함께 발굴되기도 합니다. 어떤 사람들은 그 용도를 이해하지 못해 글자를 새기던 도구라 오해를 하기도 합니다.

중국의 문자 체계는 적어도 4천 년 전에 이미 확립되었습니다. 그런데 일상생활에서는 대나무쪽을 사용했지만 땅속에 오랜 시간 동안 묻혀 세월이 지나 썩어버렸기 때문에 대나무쪽에 쓰여 있는 문자를 아무도 찾을 수가 없는 것입니다. 상나라 이전의 청동기도 발굴된 적이 있지만, 상나라 후기에 이르러서야 명문(銘文)을 쓰는 습관이 점차 형성되었기 때문에 상나라 이전의 청동기에는 명문을 발견할 수 없었습니다.

이 책에 사용된 고대한자 자형에 대한 설명

이 자전에서 논의하고 있는 것은 고대한자가 초기 창조 단계에서 갖는 창제의미에 관한 것입니다. 이를 여러분들에게 제공하고 참고하기 위한 것이므로 서로 다른 시기의 모든 자형을 다 포함시킬 의도는 없었으며, 몇 가지 대표적인 자형만 선택하였습니다. 주로 갑골문, 금문, 소전체의 세 가지 서체를 인용했으며, 이에 대한 간단한 소개를 첨부합니다.

1. 갑골문(甲骨文)

상나라 때의 갑골문은 현재 대량으로 보존된 가장 이른 시기의 한자이며, 한자의 창제의미를 탐구하는 데 가장 중요한 자료이기도 합니다. 상나라 때에는 일반적으로 글자를 쓸 때 죽간(竹簡)을 사용했습니다. 그러나 대나무 쪽은 오랜 세월 동안 땅속에 보존될 수 없었기 때문에, 지금 볼 수 있는 대부분의 자료는 상나라 후기 때의 거북딱지나 동물 견갑골에 새겨진 점복자료들입니다. 그리고 소량의 청동기에도 당시의 글자가 새겨져 있으며, 가끔 도기나 골기(骨器)에 붓으로 쓴 글자들이 있습니다. 갑골문의 글자 수가 가장 많기 때문에 갑골문을 보통 상나라 문자라고 부릅니다.

상나라 갑골문의 중요성은 그것의 시기가 이르고 숫자가 많다는데 있습니다. 갑골에 새긴 조각편은 지금까지 약 15만 편 이상 발굴된 것으로 추정됩니다. 상나라 때 일반적으로 사용되던 한자는 대부분 상형문자와 회의문자로 형성문자가 아닌 글자들입니다. 그러나 상용자가 아닌 해독 가능한 개별 한자로 계산한다고 해도 형성자는 20%를 넘지 않습니다. 이 시기 자형의 구조를 보면 단순한 의미의 표현에 치중되어, 자형의 복잡함이나 간단함, 필획의 많고 적음, 구성성분의 배치 등과 같은 세세한 부분에 구애되지 않아 이체자가 매우 많습니다. 하지만 이 책에서는 편폭의 제한으로 대표적인 몇 글자만 선택하여 제시했습니다. 또 갑골 복사의 대부분이 칼로 새긴 것이기 때문에 필획들이 칼 놀림의 영향을 받아, 둥근 획은 사각형이나 다각형으로 새겨졌습니다. 그래서 청동기의 금문보다 그림 같은 특성이 많이 줄었습니다.

2. 금문(金文)

금문은 대략 기원전 11세기의 서주 왕조 초기 때부터 진시황이 중국을 통일한 기원전 3세기까지의 한자를 말하며, 상나라 때의 청동기 명문이 일부 포함됩니다. 이 시기의 글자들도 죽간에 써졌으나 죽간들이 땅 속에서 견디지 못하고 썩는 바람에 지금까지 보존되어온 한자 자료는 주로 주조된 청동기에 새겨진 명문으로, 금문이라 불리는 것들입니다. 이 시기의 한자들은 무기, 새인(도장), 화폐, 도기, 간독, 포백 등에도 나타나는데, 이들은 금속 이외의 자료들을 매체로 사용한 것들입니다. 최근 몇 년간 간독과 포백에 써진 자료들이 많이 발굴되었으며, 이로 인해 전국 시대의 한자 자료가 매우 풍성해졌습니다.

청동기는 의식을 거행하기 위해 제작되었으며, 거기에 기록된 내용은 영원히 전해지기를 바라는 영광스러운 사적이었기 때문에, 명문은 대부분 깔끔하게 기록되었고 필획도 아름답습니다. 청동기를 제외한 한자 자료들을 보면 글쓰기가 느슨하고 필획도 생략되고 심지어 잘못된 것도 있습니다. 그래서 한자의 창제의미를 논의하기에 적합하지 않으며, 자료도 방대하고 복잡하기 때문에 이 책에서는 가능한 이러한 유형의 자형에 대해서는 언급을 자제했습니다. 이 시기 한자의 자형 구조와 위치는 점차적으로 일관된 모습으로 조정되었습니다. 춘추시대 이후에 새로 만들어진 상형자와 상의(象意)자는 거의 없었습니다.

3. 소전(小篆)

소전은 주로 허신의 『설문해자』에 수록된 자형에서 가져왔습니다. 『설문해자』는 진(秦)나라 이후부터 내려온 한자를 정리한 결과물이지만 가끔 전국시대 후기 초반부의 전통을 보존한 것도 있습니다. 예컨대, 어떤 글자의 맨윗부분이 가로획이라면 상나라 후기 이후로는 종종 그 위에 짧은 획을 하나 더 더했는데, 전국시대에 이르면 이러한 예는 더욱 많아집니다. 그러나 소전체에서는 짧은 획이 더해지지 않은 비교적 이른 시기의 자형을 선택하곤 했습니다. 소전체 이후로는 글자의 구조, 필획, 위치 등이 거의 고정되었습니다. 대체적으로 말해서, 한자는 그 이후로 필세(筆勢: 붓놀림의 기세)에서는 변화가 있었지만 기본 구조는 거의 변경되지 않았다 하겠습니다.

『설문해자』에 수록된 자형은 주로 소전체이며, 이체자가 있을 때에는 고문(古文)이나 주문(籀文)이라고 따로 밝혀 놓았습니다. 허신이 편찬의 근거로 삼았던 한자 자료는 대부분이 전국시대 초기를 넘지 않습니다. 소전체의 자형은 그 기본 구조가 고문과 주문과 별다른 차이가 없습니다. 차이가 있을 경우에 한해서는 이 역시 따로 밝혀 두었습니다. 그가 예시로 들었던 '고문(古文)'은 갑골문이나 금문에서 변해 온 정규적인 자형과는 달리, 아마도 지역성을 띠었거나 변화된 이후의 자형일 가능성이 큽니다. 근년에 출토된 초(楚)나라 문자를 보면 『설문해자』에서 말한 고문체와 극히 유사한 구조를 갖고 있는데, 이들이 그 근원이었을 수도 있습니다. '주문(籀文)'은 구조가 매우 복잡하지만 전통적인 한자 체계의 추세에 부합하며, 아마도 소전체와는 다른 근원을 가진 글자들로 추정됩니다.

『설문해자』에서는 표준 자형 이외에도 서로 다른 의미부나 소리부를 사용한 이체자들을 많이 수록했습니다. 예컨대, 정(阱)자의 경우 혈(穴)이 의미부이고 정(井)이 소리부로 된 자형, 수(岫)자의 경우 혈(穴)이 의미부이고 유(由)자가 소리부로 된 자형, 홍(虹)자의 경우 충(虫)이 의미부이고 신(申)이 소리부로 된 자형 등, 이러한 예는 매우 많습니다. 아마도 지역성을 반영한 이체자일 것입니다. 그래서 소전체는 진(秦)나라 때 진나라의 주문을 정리하고 나머지 각국의 문자 자형을 통일한 결과물이라 할 수 있습니다.

소전체는 이미 많은 변화를 겪은 자형이어서 소전체에 근거해 해당 글자의 어원을 찾기가 어렵습니다. 그러나 소전은 가장 완벽한 자료이며, 후대 한자의 근거가 되는 자형이며, 그전의 고대한자를 인식하는 매개체가 됩니다. 간독문자나 포백문자와 비교해 볼 때, 소전체는 비교적 오래된 자형을 보존하고 있습니다. 그래서 소전체는 고대한자를 연구하는 데 필수적인 지식입니다.

이 책의 사용 방법

1. 이 책에서는 『유래를 품은 한자』(1~6책)에 수록된 6백11자를 모아 수록하였습니다. 모두 상용자에 해당하며 오늘날의 일상생활과도 밀접한 관계가 있는 한자들입니다. 이들 글자는 각 권의 주제에 따라 분류했으며, 개개의 글자에 대해 일일이 그 글자의 창제의미에 대해 설명했습니다. 그리고 갑골문, 금문, 소전, 고문, 주문(籒文) 등과 같은 각종 자형을 첨부하여 갑골문과 고대한자의 연구에서 필자 고유의 한자학, 인류학, 사회학의 융합적 관점을 드러내고자 노력했습니다.

2. 이 자전에는 필획 수 색인과 한어병음 색인을 첨가하여 독자들이 찾아보고 사용하는데 편리하게 해 두었습니다.

3. 텍스트의 설명(다음 쪽 그림 참조)

● 텍스트의 설명 ●

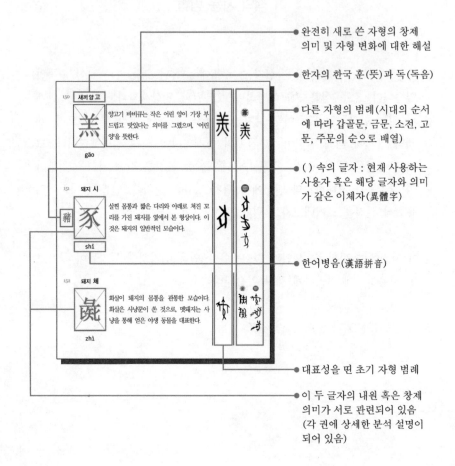

완전히 새로 쓴 자형의 창제
의미 및 자형 변화에 대한 해설

한자의 한국 훈(뜻)과 독(독음)

다른 자형의 범례(시대의 순서
에 따라 갑골문, 금문, 소전, 고
문, 주문의 순으로 배열)

( ) 속의 글자 : 현재 사용하는
사용자 혹은 해당 글자와 의미
가 같은 이체자(異體字)

한어병음(漢語拼音)

대표성을 띤 초기 자형 범례

이 두 글자의 내원 혹은 창제
의미가 서로 관련되어 있음
(각 권에 상세한 분석 설명이
되어 있음)

150 새끼양 고

羔
gāo

양고기 바비큐는 작은 어린 양이 가장 부
드럽고 맛있다는 의미를 그렸으며, '어린
양'을 뜻한다.

151 돼지 시

(豬) 豕
shi

살핀 몸통과 짧은 다리와 아래로 처진 꼬
리를 가진 돼지를 옆에서 본 형상이다. 이
것은 돼지의 일반적인 모습이다.

152 돼지 체

彘
zhi

화살이 돼지의 몸통을 관통한 모습이다.
화살은 사냥꾼이 쏜 것으로, 멧돼지는 사
냥을 통해 얻은 야생 동물을 대표한다.

제**1**부

동물

① 동물

② 전쟁 형벌 정부

③ 일상생활①

④ 일상생활②

⑤ 기물제작

⑥ 삶과 신앙

1.1
야생동물／수렵의 대상

001 **사슴 록**

鹿

lù

갑골문에는 록(鹿)자가 매우 많이 등장하는데, 머리에 한 쌍의 뿔이 있고 발굽이 달린 동물을 묘사하고 있음을 쉽게 알 수 있다. 측면에서 묘사했기 때문에, 네 발이 두 개로 그려졌으며, 이렇게 그리는 것은 다른 동물을 그릴 때에도 마찬가지였다.

002 **고울 려**

麗

lì

사슴 류 동물은 머리의 뿔이 확대된 모습으로 매우 세심하게 그려졌다. 아름다움의 개념은 추상적인 것인데, 쌍으로 된 사슴의 뿔을 묘사함으로써 '아름다움'과 '화려함'의 의미를 표현해 내었다.

003 　범 호

虎

hu

날씬하고 긴 몸체, 입을 크게 벌리고 울부짖는 모습, 위로 세워진 두 귀를 가진 동물의 모습으로, 그것이 호랑이임을 쉽게 알아볼 수 있게 해준다.

金　甲

004 　사나울 포

暴虤

bào

낫처럼 생긴 창[戈] 하나가 호랑이를 마주하고 있는 모습이다. 무기를 사용하여 호랑이와 싸우는 모습으로, 이는 무식하고 거칠기 그지없는 행동이다. 멀리서 화살을 쏘거나 함정으로 사냥하는 것이 안전한 방법이다.

金　甲

005 　탄식할 희

戲

xì

호랑이 머리, 낫 창[戈], 그리고 등걸의자 등 3개의 성분으로 구성되어 있으며, 한 사람이 낫 창을 들고 등걸의자에 높이 앉은 호랑이를 찔러 죽이는 놀이를 연출하고 있다. 군대의 사령관도 높은 누대에서 명령을 내렸으므로, 이런 곳을 '戲臺(xìtái, 연극무대)'라고 하게 되었다.

金

❶ 동물

❷ 전쟁 형벌 정부

❸ 일상생활 ①

❹ 일상생활 ②

❺ 기물제작

❻ 삶과 신앙

006

범 발톱
자국 괵

guó

상나라와 주나라 때는 무기로 호랑이와 싸우는 공연뿐만 아니라 맨손으로 호랑이와 싸우는 스릴 넘치는 쇼가 있었다. 두 손으로 한 마리의 호랑이를 때려잡는 모습을 표현했는데, 이는 의심할 여지없이 청중들에게 더욱 흥미롭고 매력적이며 영웅적인 면모를 보여주었을 것이다. 괵(虢)은 지명으로, 상나라 때 호랑이 쇼로 유명했던 곳이다.

007

코끼리 상

xiàng

갑골문에서는 코끼리를 길고 구부러진 코를 가진 동물로 묘사하고 있다. 땅속에서 발굴된 자료에 의하면 코끼리 떼들이 중국의 여러 곳에서 오랫동안 살았음을 확인할 수 있다.

008

할 위

wéi/wèi

한 손으로 코끼리의 코를 잡고서 어떤 일을 시키는 모습을 그렸다. 그 창제의미는 아마도 나무나 돌과 같은 무거운 물건을 운반하도록 길들여진 코끼리에서 왔을 것이다.

金　甲

009 **천거할 천**

薦

jiàn

해치 한 마리가 풀숲에 숨어 있는 모습
이다. 이 동물은 꼭두서니 풀(자리를 짜
는 풀)을 먹고 산다. 그래서 '풀로 짠 자
리'라는 뜻이 생겼다.

---

010 **외뿔들소 시**

兕

sì

머리에 큰 뿔이 있는 동물을 그렸다. 갑골
문에 의하면 한번에 40마리의 코뿔소를
잡았다는 기록이 있는데, 이는 코뿔소가
상나라에 여전히 많이 존재했던 야생 동
물이었음을 분명하게 보여준다.

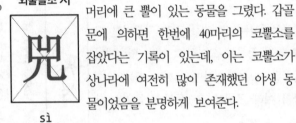

---

011 **무소 서**

犀

xī

코뿔소를 그린 상형자 시(兕)를 우(牛)가
의미부이고 미(尾)가 소리부인 형성구조
로 바꾼 글자이다.

012 **해치 치**

zhì

한 쌍의 긴 뿔을 가진 짐승을 측면에서 그린 모습이다. 글자의 형체로 볼 때, 치(廌: 해치, 해태)임에 분명하다. 해치(獬豸)는 고대 동물인데, 상나라 이후로 기온이 낮아져 남쪽으로 이동했고 결국 중국에서 사라졌다.

013 **풀 해**

jiě

해(解)는 양손으로 소뿔을 당기는 모습이다. 뿔은 고대에 매우 유용한 재료라서, 소의 뿔을 해체하던 것은 당시의 일반적인 일이었다. 그래서 '분해(分解)하다', '해석(解釋)하다' 등의 의미로 확장되었다.

篆

甲

甲

金

❶ 동물

❷ 전쟁 형벌 정부

❸ 일상생활 ①

❹ 일상생활 ②

❺ 기물제작

❻ 삶과 신앙

014 **법 법**

法

fǎ

'치(廌: 해치)'와 '수(水: 물)(수평처럼 법이 공정함을 상징함)'와 '거(去: 가다)'로 구성되었다. 전설에 의하면, 해치는 뿔을 사용하여 죄가 있는 사람을 들이 받는다고 한다.

그래서 죄가 있다고 의심되는 사람에게 해치를 데려갔을 때, 해치가 뿔로 그 사람을 받아버린다면 그 사람은 죄가 있는 것으로 여겼다고 한다. 그리하여 해치가 법을 상징하게 되었다.

---

015 **경사 경**

慶

qìng

치(廌)와 심(心)이 조합된 모습이다. 짐승의 심장은 약효를 가졌거나 맛있는 음식으로 간주되었다. 그래서 그것을 얻는다면 축하하기에 충분하다는 의미이다.

---

016 **굴레 기**

jī

해치의 두 뿔이 밧줄에 묶여 있는 모습을 그렸다. 그 창제의미는 역참에서 수레를 끌거나 탈 것으로 사용되던 관공서용 해치에서부터 왔을 것이다.

밧줄을 사용하여 두 뿔을 묶어 표시를 해두어야만 일반 사람들의 해치와 혼동하지 않았을 것이고, 또 관용 해치를 더욱 소중히 여겼을 것이다.

❶ 동물

❷ 전쟁 형벌 정부

❸ 일상생활 ①

❹ 일상생활 ②

❺ 기물제작

❻ 삶과 신앙

017 **용 룡**

lóng

머리에는 왕관모양의 뿔이 달렸고, 긴 위턱과 짧고 아래로 굽은 아래쪽 턱, 크게 벌린 입과 드러난 이빨, 몸통은 말려 입과 다른 방향을 가진 동물의 모양이다.

018 **말릴 한**

한

hàn

가뭄이 들어 비를 기원하는 상나라 때의 의식을 말하는데, 매우 다양한 모습으로 표현되었다. 원래는 제사장이 정면에 서서 손을 엇갈리게 잡고 입을 크게 벌려 기도하는 모습이다. 은 비를 기원하는 제사장의 자태이다. 혹자는 이 자형이 두 손으로 굶주린 배를 잡고 하늘에 이를 가련하게 여겨 비를 내려 사람들의 어려움을 덜어달라고 요청하는 의식을 그린 것으로 보기도 한다. 이후 불로 제사장을 태우는 방식인 로 변했는데, 하늘에게 제사장의 고통을 가련하게 여기어 비를 내려 달라고 비는 모습이다. 이후의 자형에서는 사람의 모습이 간단하게 변해 처럼 되었다. 그러다 소전체에서는 다시 화(火)가 추가되어 으로 변했다.

019 **춤출 무**

무

wǔ

한 사람이 양손에 소꼬리 모양의 소품을 가지고 춤을 추는 모습이다. 자형은 정면으로 선 큰 사람의 모습과 양손에 춤추는 도구를 든 모습으로 분리될 수 있다. 이는 상나라에서 비를 기원하던 의식이다.

020 **봉새 봉**

鳳

fèng

머리에는 깃털로 된 왕관이 있고, 꼬리에는 길디긴 깃털과 특별한 무늬가 있는 새를 그렸다. 공작이나 비슷한 모양의 다른 큰 새를 기반으로 그렸을 것이다. 이후 바람을 뜻하는 풍(風)으로 가차되었다.

甲

---

021 **바람 풍**

風

fēng

상형자인 봉(鳳)이다 소리부 기능을 하는 범(凡)이나 형(兄)이 더해진 구조로, 바람(風)이라는 의미를 표현하는 형성자이다.

甲

篆

거북 귀/
나라이름
022 구/
틀 균

龜

guī

거북이의 측면 모습을 그렸다. 상나라에서 거북이의 가장 큰 용도는 점술의 재료였다. 멀리 5천여 년 전, 사람들은 대형 포유류 동물의 뼈를 태워, 뼈가 갈라지는 흔적에 근거해 일의 길흉에 대한 징조를 점쳤다. 굶주림에 강하고 갈증에도 잘 견디며 장수하는 등 특이한 거북의 재능 때문에 고대인들은 거북이 신성한 힘을 가지고 있고 신들과 의사소통 할 수 있다고 믿었다.

金 甲

023 뱀 사

shé

갑골문에서 타(它)는 뱀에 발가락이 물린 모습이며, 금문에서 타(它)는 한 마리 뱀처럼 보인다. 이 뱀은 몸을 곧추세워 경계를 하며 공격하려는 모습이다. 타(它)가 보통 의성어로 많이 쓰이게 되자 벌레를 뜻하는 충(虫)을 원래 형태에 추가하여 뱀을 뜻하는 사(蛇)자가 되었다.

02
4 벌레 충/훼

chóng/huǐ

땅에서 기어 다니는 뱀 모양이다. 크기도 하고 작기도 하며, 기어가거나 날아가기도 하고, 털이나 비늘이 있거나 없기도 한 다양한 모습으로 표현할 수 있다.

025 독 고

gǔ

몇 마리 벌레가 용기 속에 든 모습이다. 한자에서 삼(3)은 종종 많다는 뜻을 나타내는데, 위에 하나 아래에 둘이 배치되어 그릇[皿] 위에 벌레 세 마리가 놓인 모습을 하게 되었다. 고대에는 살충제가 없었기에 고대인들은 회충이 생기거나 설사나 치통 등과 같은 질병들이 실수로 벌레를 삼키면 발생한다고 생각했었다.

일반 동물／조류와 기타

❶ 동물

❷ 전쟁 형벌 정부

❸ 일상생활 ①

❹ 일상생활 ②

❺ 기물제작

❻ 삶과 신앙

026 　새 조

niǎo

027 　새 추

zhuī

갑골문에는 새를 나타내는 글자로 조(鳥)와 추(隹)의 두 가지 상형문자가 있다. 이 둘은 모두 새의 측면 모습을 그렸다. 이 두 글자를 비교해 보면, 조(鳥)가 더 세밀하게 그려지고 깃털이 더 많이 그려졌다. 이들은 모두 조류를 나타내는 의미부로 사용된다.

028 **까마귀 오**

烏

wū

까마귀의 측면 모습을 그렸다. 초기 자형에서는 모두 입이 위로 향했는데, 울음의 특징을 나타냈다. 까마귀의 울음은 귀에 거슬려 불쾌하므로 일부 사람들은 까마귀의 울음이 음험하고 위험함을 나타낸다고 한다. 까마귀는 깃털 전체가 어둡고 검은 색으로 되었기에, 어두움과 암흑의 의미를 표현하는 데에도 사용된다.

篆 金

029 **매 응**

鷹

yīng

갑골문에서는 한 마리의 새와 구부러진 발톱으로 구성되어, 날카로운 갈고리와 발톱을 가진 '매'의 특성을 표현했다. 매는 수백 미터 높이에서 공중을 선회하다가 먹이를 찾으면 재빠르게 내려와 발톱 걸이를 사용하여 먹이를 낚아챈다.

篆 金

030 **물 억새 환**

萑

huán

이 글자는 머리에 뿔과 같이 생긴 털을 가진 올빼미의 독특한 특징을 묘사했다. 올빼미라는 의미 외에 갑골문에서는 '신구(新舊: 새것과 헌것)'라고 할 때의 구(舊)로 가차되었다. 이후 이들 의미를 구분하기 위해 추(萑)자에다 독음 부호인 구(臼)를 더해 구(舊)가 되었다.

金 甲

031　**황새 관**

guàn

이것은 종종 지저귀는 황새인데, 우는 소리가 크고 낭랑하여 시끌벅적한데, 여러 개의 크게 벌린 입이 마치 새가 옆에서 울고 있는 듯하다. 이후에 관(雚)자에다 의미부인 견(見)자를 더하여 관(觀)이 되었다. 또 관(雚)자에다 새를 뜻하는 조(鳥)를 더하면 관(鸛, 황새)자가 된다.

金　甲

032　**참새 작**

què

소(小)와 추(隹)가 조합된 모습으로, 지붕 위에서 자주 볼 수 있는 '작은 새'인 참새를 말한다.

篆　甲

033　**꿩 치**

zhì

시(矢)와 추(隹)가 조합된 모습이다. 여기서의 화살은 줄로 묶은 화살을 말하는데, 사냥감을 적중시켰을 때 줄을 당겨 사냥감을 끌어 올 수 있도록 고안된 것이다. 만약 적중시키지 못하더라도 실을 끌어오면 귀중한 화살을 잃지 않게 된다. 이러한 화살은 실의 길이에 제한이 있어, 높이 날지 않는 새를 쏠 때만 사용할 수 있다.

篆　甲

❶ 동물

❷ 전쟁 형벌 정부

❸ 일상생활 ①

❹ 일상생활 ②

❺ 기물제작

❻ 삶과 신앙

034　제비 연

燕

yàn

날개를 펴고 날아다니는 제비의 형상을 그렸다. 제비는 철새로, 계절을 알려주는 기능을 가지고 있어 사람들이 봄철 이후의 삶을 준비하는 데 매우 도움이 된다.

035　신 석

舄

xì

이 글자의 특징은 새의 머리에 까치 새를 나타내는 여러 개의 높이 솟은 볏이 있다는 점이다. 그러나 금문(명문)에서 석(舄)은 새를 의미하지 않고 임금이 고위 공무원에게 의식을 행할 때 쓰도록 하사한 신발을 말한다.

036　새 한 마리 척

隻

zhī

손으로 새를 쥐고 있는 모습인데, 사물을 잡았다는 것에 초점이 놓여 있어, '획득하다', '수확하다' 등의 뜻이 나왔다.

037 쌍 쌍

shuāng

손으로 두 마리 새를 잡은 모습인데, '두 개의 동일한 갓'을 의미한다.

篆 雙

038 울 명

míng

자형은 입을 크게 벌린 새와 사람의 입 모양을 강조하여, 입을 벌리고 지저귀는 창제의미를 표현했다.

篆 甲

039 나아갈 진

jìn

갑골문은 새 한 마리와 발자국 하나로 조합되어, 새는 앞으로만 움직이지 뒤로는 가지는 못한다는 창제의미를 표현했다. 금문에 들면서 길을 나타내는 부호가 더해졌다. 발은 걷기 위해 생겨난 것이고, 길은 걷기 위해 만들어진 것이기에, 고대 한자에서는 이 둘이 서로 호환되었다.

金 甲

❶ 동물

❷ 전쟁 형벌 정부

❸ 일상생활①

❹ 일상생활②

❺ 기물제작

❻ 삶과 신앙

040 **익힐 습**

xí

자형에서 보이는 깃털은 새의 날개를 나타낸다. 새의 끊임없는 날갯짓은 '퍼덕 퍼덕거리는' 소리를 내는데, 고대인들은 이 장면을 빌려서 '반복'이라는 의미를 만들어 냈다. 공부는 반복적인 연습과 복습이 필요하므로 여기서 '학습'이라는 뜻이 나왔다.

041 **모일 집**

jí

원래 의미는 새가 나무에 앉아 쉬다는 뜻인데, 금문에서는 나무에 세 마리의 새가 앉은 모양이다. 세 마리의 새가 나무에 앉은 모습으로 많은 것들이 한데 모여 있다는 의미를 표현해 냈다.

042 **울 소**

sào

나무 위에 세 개의 구(口)가 있는 모습인데, 구(口)는 새의 입을 나타낸다. 서로 다른 새들, 서로 다른 음색들이 나뭇가지 사이에서 울며 시끄럽게 하여 성가시게 하는 모습이다.

043 **그을릴 초**

焦

jiāo

새 한 마리가 불 위에 놓인 모습이다. 즉, 새를 구워먹는 모습인데, 약간 눋게 익혀야만 맛이 있다. 이를 위해 마음이 조급한 모습을 표현하게 되었다.

044 **떼놓을 리**

離

lí

새 한 마리가 새를 잡는 그물에 걸린 모습이다. 어떤 그물은 고정된 장소에 설치되어 새가 스스로 와서 그물에 걸리기를 조용히 기다린다. 산채로 잡은 새는 새장 속에 넣어두고 감상할 수도 있다. 새에 달린 깃털도 비교적 완전한 상태여서 그것을 떼어내 옷을 장식하는 데 사용할 수도 있다.

045 **빼앗을 탈**

奪

duó

구성성분이 상당히 복잡한데, 의(衣)와 수(手)와 추(隹)를 비롯해 옷 속에 든 3개의 작은 점으로 구성되었다. 새를 유인하여 쌀알을 쪼아 먹도록 하는 모습을 표현했다. 자형에서는 옷으로 함정을 만들었고, 새는 이미 옷으로 만든 그물망에 뒤덮여 사람의 손에 잡히고 말았으며, 새가 손아귀에서 벗어나려 발버둥치는 모습을 묘사했다.

046   떨칠 분

새가 들판에 설치된 옷으로 만든 함정에 간혀 있고 거기서 벗어나기 위해 날개를 퍼덕이는 모습을 그렸다. 아니면 새가 들판에서 막대기에 의해 쫓겨 날개를 퍼덕거리며 날아가는 모습을 그렸다.

fèn

047   고기 어

물고기의 모양인데, 비늘과 지느러미 및 물고기의 다른 특성들이 모두 잘 표현되었다.

yú

048   고기 잡을 어

갑골문에는 낚시 방법을 반영하는 다른 여러 가지 자형들이 등장한다. 손에 낚싯줄을 잡고 물고기를 낚는 모습도 있고, 손으로 그물을 던져 고기를 잡는 모습도 있다.

yú

049 **노둔할 로**

魯

lǔ

접시에 생선이 한 마리가 놓인 모습인데, 이는 맛있는 음식이었기에 '아름답다'는 뜻이 생겼다.

050 **능할 능**

能

néng

곰의 측면 모습을 그렸다. 능(能)은 곰 [熊]을 그린 상형자인데, 곰은 강력하고 힘이 있기 때문에 유능한 사람을 나타내는 말로 쓰이게 되었다. 그러자 웅(熊)을 만들어 원래의 곰이라는 동물을 표현했다.

051 **토끼 토**

兔

tù

토끼를 그렸는데, 자형의 초점이 위로 치켜 올라간 토끼의 작은 꼬리에 놓였다.

① 동물

② 전쟁 형벌 정부

③ 일상생활(1)

④ 일상생활(2)

⑤ 기물제작

⑥ 삶과 신앙

달아날 일

yì

길에서 토끼를 쫓아가는 모습이다. 토끼는 작고 민첩하며 빠르게 뛰어가 잘 도망치기에, 사냥개를 동원하여 사냥해야 한다.

篆 金

가축／오축(五畜)과 기타

❶ 동물

❷ 전쟁 형벌 정부

❸ 일상생활 ①

❹ 일상생활 ②

❺ 기물제작

❻ 삶과 신앙

053 **기를 환**

huàn

새끼를 밴 어미 돼지를 두 손으로 잡는 모습인데, 어미 돼지가 의외의 사고를 당할까 염려되어 돌보다는 의미를 담았다.

篆 甲

054 **공손할 공**

gōng

두 손으로 한 마리의 용을 싸잡은 모습이다. 이 글자는 공왕(龔王)이라는 이름으로 쓰인 이외에도 공손하고 소박하다는 의미를 나타냈는데, 이후의 고전에서는 종종 '공(龔: 공손하다)'이나 '공(恭: 공경하다)'자로 대체되어 사용되었다.

金 甲

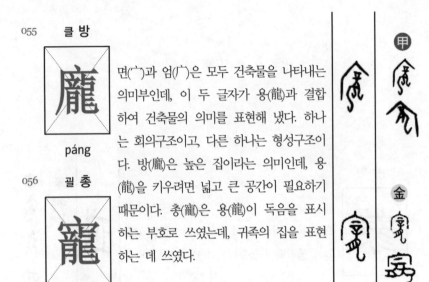

055 클 방

龐

páng

056 굄 총

寵

chǒng

면(宀)과 엄(广)은 모두 건축물을 나타내는 의미부인데, 이 두 글자가 용(龍)과 결합하여 건축물의 의미를 표현해 냈다. 하나는 회의구조이고, 다른 하나는 형성구조이다. 방(龐)은 높은 집이라는 의미인데, 용(龍)을 키우려면 넓고 큰 공간이 필요하기 때문이다. 총(寵)은 용(龍)이 독음을 표시하는 부호로 쓰였는데, 귀족의 집을 표현하는 데 쓰였다.

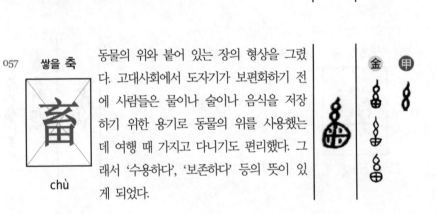

057 쌓을 축

畜

chù

동물의 위와 붙어 있는 장의 형상을 그렸다. 고대사회에서 도자기가 보편화하기 전에 사람들은 물이나 술이나 음식을 저장하기 위한 용기로 동물의 위를 사용했는데 여행 때 가지고 다니기도 편리했다. 그래서 '수용하다', '보존하다' 등의 뜻이 있게 되었다.

058　　**칠 목**

mù

한 손으로는 양치기 막대기를 잡고 소나양을 몰아가는 모습인데, 짐승을 키우는 일을 하다는 뜻이다.

金　甲

059　　**양 양**

yáng

동물의 머리에 한 쌍의 굽은 뿔이 달린 모습이다. 가장 위쪽에서 두 개의 곡선으로 두 뿔을, 비스듬한 선으로 두 눈을 나타냈으며, 중앙의 직선은 콧등을 그렸다.

金　甲

060　　**도타울 돈**

dūn

향(享: 누리다)과 양(羊)의 조합으로 되었다. 향(享)은 기단이 있는 건물로, 많은 노동력을 들여 신의 영혼을 즐겁게 해주기 위해 건축되었다. 양(羊)은 고대사회에서 신의 영혼에게 바쳐진 중요한 희생물이었다. 이 단어의 창제의미는 바로 신의 영혼 앞에 바치는 양고기는 오랫동안 삶아 질기지 않고 연해야 한다는 데서 나왔다.

金　甲

❶ 동물

❷ 전쟁 형벌 정부 · ❸ 일상생활(1) · ❹ 일상생활(2) · ❺ 기물제작 · ❻ 삶과 신앙

061 **소 우**

niú

소의 머리 모양을 그렸다. 몸통이 크고 튼튼한, 중국에서 가장 흔한 가축 중 하나인 포유류의 '우제목(偶蹄目: 짝수의 발굽을 가진 부류)'에 속하는 짐승이다.

金 甲

062 **수컷 모**

mǔ

동물의 암수를 구분하는 것은 상나라 사회에서 중요한 일이었다. 갑골문에서는 수컷 동물을 표현할 때는 사(土)를, 암컷 동물을 표현하는 데는 비(匕)를 습관적으로 사용했다.

甲

063 **암컷 빈**

pìn

우(牛)에다 사(土)나 비(匕)를 추가하면 소의 암수가 구분되어 하나는 수컷, 다른 하나는 암컷으로 구분된다.

甲

064 **우리 뢰**

láo

입구가 좁은 우리에 갇힌 소나 양의 모습이다. 특별히 선택된 소나 양을 특수한 우리에서 사육하며, 그들에게는 조금이라도 청결하지 않는 사료는 먹이지 않았다. 이들은 제사에 사용될 특별한 희생으로 사용하기 위한 것이었고, 그렇게 한 것은 신에 대한 존중과 신중함의 표시였다.

065 **얼룩소 리**

lí

농경지에서 흙을 갈아엎는 쟁기를 그렸는데, 우(牛)자와 조합되어 있다. 두 개의 작은 점이나 세 개의 작은 점은 뒤집힌 흙덩이를 상징한다. '리우(犁牛: 쟁기질용 소)'라는 말은 소가 하는 기능에 의해 붙여진 이름임을 알 수 있다.

066 **돼지 시**

豬

shǐ

살찐 몸통과 짧은 다리와 아래로 쳐진 꼬리를 가진 돼지를 옆에서 본 형상이다. 이것은 돼지의 일반적인 모습이다.

067 **돼지 체**

화살이 돼지의 몸통을 관통한 모습이다. 화살은 사냥꾼이 쏜 것으로, 멧돼지는 사냥을 통해 얻은 야생 동물을 대표한다.

zhì

068 **발 얽은 돼지걸음 축**

거세된 돼지를 말한다. 성기가 거세되어 신체와 분리되어 있는 모습이다. 신체 외부의 작은 획은 생식기를 상징한다.

chù

069 **집 가**

집안에서 한 마리 혹은 여러 마리의 돼지를 키우는 모습인데, 이것이 돼지를 키우는 일반적인 평민들의 가옥이었다. 금문부터 소전체에 이르기까지 자형은 기본적으로 바뀌지 않았다.

jiā

070 **돼지 돈**

tún

돼지 한 마리와 고기 한 조각이 그려진 모습이다. 돈(豚)은 새끼 돼지를 말하는데, 새끼 돼지의 고기가 가장 부드럽고 맛이 있다. 그러나 크게 자라서 고기가 가장 많고 가장 경제적인 시점이 되어서야 도축된다. 평소에 새끼 돼지를 먹기 위해 죽이지는 않았다.

071 **말 마**

mǎ

긴 얼굴, 흩날리는 긴 갈기털, 키 큰 몸을 가진 동물인 말을 그렸다.

072 **개 견**

quǎn

개의 측면 모습을 그렸는데, 야윈 체형과 위로 쳐든 꼬리로 표현되었다.

❶ 동물
❷ 전쟁 형벌 정부
❸ 일상생활 ①
❹ 일상생활 ②
❺ 기물제작
❻ 삶과 신앙

金 甲 (돈)

金 甲 (마)

金 甲 (견)

073 **짐승 수**

shòu

사냥용 그물과 개를 그렸는데, 둘 다 사냥에 필요한 도구이다. 이로부터 '사냥'의 의미를 표현했다. 이후 '야수(野獸: 길들여지지 않은 사나운 짐승)'에서처럼 그 의미가 포획한 대상에게까지 확장되었다.

金 甲

---

074 **그릇 기**

qì

한 마리의 개(犬)와 네 개의 구(口)로 구성되었다. 개는 멀리서 낯선 사람이 오는 냄새를 맡으면, 연속적으로 짖어서 이를 주인에게 알린다. 네 개의 구(口)는 개가 연속해서 짖는 소리를 상징한다.

金

---

075 **엎드릴 복**

fú

주인의 발아래에 누워있는 강아지의 모습을 그렸다.

篆 金

제2부

전쟁 형벌 정부

원시 무기

① 동물

❷ 전쟁 형벌 정부

③ 일상생활 ①

④ 일상생활 ②

⑤ 기물제작

⑥ 삶과 신앙

076 **아비 부**

fù

손에 돌도끼를 든 모습이다. 돌도끼는 고대 사회에서 남자들이 사용했던 주요 도구로, 나무를 베거나 괭이질 등과 같은 중요한 작업에 사용했다.

077 **도끼 근**

jīn

나무 손잡이에 돌이나 구리, 혹은 철을 줄로 동여매어 만든 벌목 도구이다. 두 손으로 잡고 나무를 자를 수도, 또 구덩이를 파거나 경작지를 뒤집는 등의 일을 하는데 사용되었다.

078 **군사 병**

bīng

두 손으로 나무 손잡이가 달린 돌도끼[斤]를 들고 있는 모습이다. 고대에는 도구가 종종 무기로 사용되었다.

전투용 무기

079 **창 과**

戈

gē

나무 손잡이에 날카롭고 긴 칼날이 달린 무기로, 농기구의 낫처럼 생겼다. 청동으로 만든 낫 창은 인간의 약점을 보완하기 위해 만들어진 새로운 무기로, 전쟁의 확대와 국가 흥기의 상징이 되었다.

080 **칠 벌**

伐

fá

낫 창[戈]으로 사람의 목을 베는 모습이다.

081 **지킬 수**

shù

인(人)과 과(戈)가 조합된 모습이다. 사람이 어깨에 무기를 메고 가는 모습으로, 영토를 지키는 모습을 형상화 했다. 이로부터 '변방을 지키다'는 뜻이 나왔다.

082 **경계할 계**

jiè

두 손으로 낫 창[戈]을 단단히 쥐고 있는 모습으로, 전쟁을 준비하며 경계하는 모습이다. 이로부터 '경계하다'는 뜻이 나왔다.

083 **찰진 흙 시**

識

zhí

과(戈)와 삼각형이 결합한 모습인데, 이는 낫 창[戈]으로 어떤 개체를 자른 후 삼각형 표시를 남겨 식별의 표지로 삼은 것이다. 이로부터 '식별하다', '구분하다' 등의 뜻이 나왔다.

084 **벨 괵**

guó

낫 창[戈]과 밧줄에 매달려있는 눈의 조합으로 이루어졌다. 고대 한자에서 눈은 보통 머리를 나타냈는데, 이는 적의 두개골이 낫 창에 매달린 모습으로써 적을 죽였다는 정과를 내보인 것이다.

085 **취할 취**

qǔ

귀를 손에 쥐고 있는 모습이다. 병사들이 적을 죽인 후 보상을 받기 위해 적의 왼쪽 귀를 끊던 습속이 있었다.

086 **착할 장**

zāng

세로로 그려진 눈 하나가 창에 찔린 모습이다. 범죄자의 눈을 하나 찔러 못쓰게 하면 주인의 의지에 더 순종하게 된다. 이 글자에는 '종'과 '착하다'는 두 가지 뜻이 있다.

① 동물

❷ 전쟁 형벌 정부

❸ 일상생활 ①

❹ 일상생활 ②

⑤ 기물제작

⑥ 삶과 신앙

087   **창 모**

máo

갑골문에는 모(矛)자가 등장하지 않는데, 이 글자는 무(楙)자의 중간부분에 든 모(矛)에서 왔을 것이다. 나무 손잡이가 세로로 똑바른 모습인데, 앞쪽 끝은 사람을 찌를 수 있는 뾰족한 물체이며, 손잡이 옆의 원은 던질 수 있도록 밧줄로 묶어 놓은 모습이다.

088   **활 궁**

gōng

갑골문 자형을 보면 활을 그렸는데, 간혹 시위가 올려져 있기도 하고 아직 올리지 않은 모습도 보인다. 활과 화살의 발명은 짐승에게 가까이 접근하지 않고서도 짐승에게 상처를 줄 수 있어, 가까이 접근함으로써 생길 수 있는 위험을 피하게 만들어 주었다.

089   **넓을 홍**

hóng

활을 걸고 발사력을 강화할 수 있는 활 아래에 설치된 갈고리모양의 장치를 말하며, 이로써 성대하고 웅대하다는 추상적 의미를 설명하는 데 사용된다.

090 **굳셀 강**

強

qiáng

갑골문에서 볼 수 있는 것처럼 활줄이 구(口)자처럼 휘어져야만 활이 튼튼하고 힘이 있는 활임을 표현했다. 구(口)자는 이후 빨리 쓰기 위해 사(厶)로 변했다. 그러나 사(私)자와 혼동될까를 걱정하여 충(虫)자를 더해 형성구조인 강(強)이 되었다.

091 **탄알 탄**

彈

dàn

작은 돌이 활에 장전되어 활시위에서 발사되기를 기다리는 모습이다.

092 **화살 시**

矢

shǐ

화살의 형상이다. 화살의 앞쪽 끝은 목표물을 죽일 수 있도록 날카롭게 설계되었고, 끝은 깃털로 둘러싸 안정되게 날아갈 수 있도록 했다.

093 **가지런할 제**

qí

여러 개의 화살이 함께 있는 모습이다. 각각의 화살은 화살촉, 화살대 및 깃털의 세 부분으로 구성되며, 이 세 부분의 길이와 무게가 동일하여야만 동일한 궤도를 따라 날아갈 수 있다. 그래서 나중에 '가지런하다'는 뜻이 나왔다.

金　甲

094 **갖출 비**

備

bèi

하나 혹은 두 개의 화살이 개방식의 통에 놓인 모습이다. 이렇게 넣어 놓으면 화살을 즉시 뽑아서 쏠 수 있는데, 이는 언제든지 '전쟁이 준비되었음'을 의미하므로 '예비(豫備)'나 '준비(準備)'의 비(備)자로 쓰였다.

金　甲

095 **함 함**

函

hán

닫을 수 있는 뚜껑이 있는 가죽 화살통을 그린 글자이다. 화살 통 바깥에 있는 원은 가죽 벨트를 통과하여 허리를 묶을 수 있고, 그렇게 되면 모든 화살이 그 속에 다 포함되게 된다. 그래서 '포함하다'와 '편지'라는 의미를 갖게 되었다.

金　甲

❶ 동물
❷ 전쟁 형벌 정부
❸ 일상생활①
❹ 일상생활②
❺ 기물제작
❻ 삶과 신앙

096　**과녁 후**

侯

hóu

갑골문 자형을 옆으로 보면 화살이 과녁에 꽂힌 모습처럼 보인다. 과녁과 후 작은 이중적 의미를 가지는데, 왕에게 경의를 표하기 위해 조정에 오지 않으면 과녁처럼 세워져 사격의 대상이 되었다.

097　**궁술 사**

射

shè

갑골문에서는 화살 하나가 활에 얹혀 막 쏘려는 모습을 그렸다.

098　**도끼 월**

戉

yuè

손잡이와 둥근 모양의 넓은 날을 가진 무거운 무기를 그렸다. 무거운 무게로써 타격하는데 초점이 맞추어진 무기로, 주로 처형하는데 사용되었으며, 이로부터 점차 권위의 상징으로 발전했다.

의장용 무기

❶ 동물

❷ 전쟁 형벌 정부

❸ 일상생활①

❹ 일상생활②

❺ 기물제작

❻ 삶과 신앙

099

겨레 척

戚

qī

좁고 긴 평평한 날을 가진 손잡이가 달린 무기를 그렸다. 날 부분의 이중으로 된 고리에 3개의 돌출된 톱니가 나란히 배열된 장식 세트가 달렸는데, 주된 기능이 춤을 출 때 쓰던 소품으로 보인다.

100

다섯째 천간
무

戊

wù

직선형 손잡이에 수평으로 된 물체가 묶여 있는 모양이다. 하지만 날 부분에 짧은 획이 하나 그려졌는데 이는 앞쪽의 날이 날카롭지 않다는 것을 나타낸다. 무(戊)의 공격 방향은 직접적인 타격만 가능해서 전투용 무기로는 적합하지 않고, 주로 의식에 사용되었다.

101

개 술

戌

xū

직선형 손잡이를 가진 무기인데, 날 부분이 상당히 넓어 직접 내리쳐 자르는데 사용되며, 공격 표면이 넓기 때문에 무거운 재료로 만들어야 했다. 주로 형벌을 집행하기 위한 무기로도 사용되었으며 사법권의 상징이기도 했다.

102 **나 아**

wǒ

직선형 손잡이를 가진 무기인데, 앞쪽 끝이 세 개로 갈라진 모습을 했다. 이러한 무기는 살상 효과가 더 나빠서 의장용으로만 사용되었다.

103 **옳을 의**

yì

의장용 무기인 아(我)의 손잡이 끝에 깃털과 같은 것으로 장식된 실용적인 무기가 아닌 의장용 도구이다. 금문에서는 장식물이 점차 양(羊)자로 변했다. 그리하여 의족(義足)에서처럼 '인공적'이라는 의미도 생겼다.

104 **다 함**

xián

술(戌)과 구(口)의 조합으로 이루어진 표의자인데, 글자 창제의미는 의장대의 잘 훈련된 구성원이 함께 통일되게 외치는 소리에서 왔을 것이며, 이로부터 '모두', '전체'라는 추상적 의미가 나왔다.

이룰 성

chéng

갑골 복사에서 사용된 의미는 상나라를 세웠던 초대 임금인 성탕(成湯)의 이름으로 사용되었다. 함(咸)자의 자형과 비슷하다. 이후 정(丁)이 의미부이고 술(戌)이 소리부인 형성자로 바뀌었다.

해 세

歲

suì

술(戌)이나 무(戊)와 비슷하게 생긴 무기의 모습이다. 그러나 날 부분의 중간에 점이 두 개 더해졌는데, 이는 날 부분을 더욱 구부려 의장용 무기가 되었음을 말한다. 나중에 보(步)가 더해져 지금의 세(歲)가 되었다. 고대에서는 목성(Jupiter)을 세성(歲星)이라 했는데, 군사 행동의 징조를 나타내주는 별로 간주되었다.

❶ 동물

❷ 전쟁 형벌 정부

❸ 일상생활 ①

❹ 일상생활 ②

❺ 기물제작

❻ 삶과 신앙

2.4

방호 장비

107 **방패 간**

gān

맨 끝부분이 적을 공격하고 죽이는 갈라진 모양의 뾰족한 창이고, 중간의 회(回)자 모양은 방패를 상징하며, 아랫부분은 긴 손잡이를 말한다. 이는 방어 장비였는데, 이후 '공격하다'는 의미를 갖게 되었다.

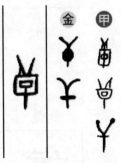

108 **첫째 천간 갑**

jiǎ

『설문해자』에서는 10개의 천간이 머리부터 발끝까지의 사람의 인체부위를 순서대로 대표한다고 했다. 자형으로 볼 때, 갑(甲)자는 직각이 교차하는 십자 모양이다. 무사들이 입던 갑옷을 실로 꿰매는 재봉 선을 말하며, (『설문해자』의 해설처럼) '사람의 머리'와는 무관한 글자다.

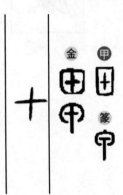

109 **투구 주**

冑

zhòu

상대방이 머리를 공격하지 못하도록 보호하는 투구를 주(冑)라고 한다. 금문의 자형을 보면, 아래쪽에 머리를 상징하는 눈이 있고, 그 위로 투구와 깃털을 꽂을 수 있는 관이 하나 있다. 부하들이 쉽게 볼 수 있어서 명령을 내려 지휘하기가 편하다.

110 **군사 졸**

卒

zú

수많은 작은 조각으로 옷을 꿰맨 모습이다. 서주 왕조 이전에, 졸(卒)은 갑옷을 입은 고위 장교를 말했다. 그러나 갑옷이 일반 사병들의 보편적 장비가 된 이후로 졸(卒)은 일반 군인을 지칭하는 데 사용되었다. 그 이후로 지위는 더욱 낮아져 범죄자를 뜻하게 되었다.

111 **끼일 개**

介

jiè

수많은 작은 조각편을 꿰매어 만든 신체를 보호하는 장비인 갑옷을 말한다. 갑옷을 입으면 몸 전체를 감싸므로 개(介)자에 '개갑(介甲: 단단한 겉껍데기)'이라는 뜻이 있고, 또 '섬개(纖介: 매우 작다)'에서처럼 작은 물체를 의미한다.

❶ 동물

❷ 전쟁 형벌 정부

❸ 일상생활①

❹ 일상생활②

❺ 기물제작

❻ 삶과 신앙

112 되 융

戎

róng

과(戈)와 갑(甲)이 조합된 모습이다. 과(戈)는 적을 공격하는 무기이고, 갑(甲)은 몸에 입는 보호 장구인 갑옷이다. 이 둘이 합쳐져 군사라는 의미를 표현했다.

① 동물

② 전쟁 형벌 정부

③ 일상생활①

④ 일상생활②

⑤ 기물제작

⑥ 삶과 신앙

2.5
군사력의 양성

113 **가운데 중**

zhōng/
zhòng

어떤 일정 범위의 중앙에 깃대가 세워진 모습이다. 취락의 우두머리가 마을 주민들에게 무언가를 선포할 일이 있을 때, 색깔과 형상과 개수가 다른 깃발을 내걸어 먼 데 있는 주민들도 그 내용을 이해할 수 있게 했다.

114 **겨레 족**

zú

바람에 휘날리는 깃대 아래에 한두 개의 화살이 있는 모습이다. 화살은 군대에서 적을 죽이는 데 반드시 갖추어야 할 장비이다. 족(族)은 같은 깃발 아래에 모일 수 있는 작은 단위의 전투 조직을 말한다.

115 **군사 려**

旅

lǚ

두 사람(여러 명을 나타냄)이 같은 휘장이 그려진 깃발 아래에 모인 모습이다. 소규모 전투 조직을 말하는 족(族)과 대응하여 여(旅)는 1만 명이 모인 대규모 조직을 말한다.

金 甲

116 **헤엄칠 유**

游

yóu

갑골문에서는 어린이와 깃발 하나의 조합으로 되었는데, 어린이들이 장난감 깃발을 갖고 노는 모습을 그렸다. 이후 유(㳺)는 깃대 위의 깃발이라는 의미로 가차되었다. 바람에 휘날리는 모습이 물결처럼 보이므로 수(水)를 더한 유(游)를 만들었다.

金 甲

약탈

117	**미쁠 부**	한 손으로 아이의 머리를 잡은 모습으로, 아이를 잡아와 노예로 삼는다는 것을 의미한다. 아이들은 쉽게 세뇌되고 주인에게 충성할 가능성이 더 높다. 그래서 부(孚)에 성실하다 신용이 있다 등의 뜻이 생겼다.	
	孚		金 甲
	fú		

118	**온당할 타**	한 손으로 한 여성을 누르는 모습이며, 이로써 '강제로 누르다'는 의미를 표현했다.	
	妥		金 甲
	tuǒ		

119	**어찌 해**	한 성인의 머리가 밧줄로 묶여 있고 손아귀에 잡힌 모습이다. 밧줄을 단단하게 묶으면 범죄자는 숨쉬기가 힘들어지고 저항하기도 어려워진다.	
	奚		金 甲
	xī		

❶ 동물

❷ 전쟁 형벌 정부

❸ 일상생활 ①

❹ 일상생활 ②

❺ 기물제작

❻ 삶과 신앙

120 　잡을 집

zhí

범죄자의 두 손이 형구로 채워진 모습이다. 때로는 머리와 손도 형구에 의해 서로 묶인 모습을 하기도 했다. 금문에서는 이미 머리가 형구에 채워진 모습은 없으며, 두 손도 형구에서 벗어난 모습이다.

121 　마부 어

yǔ

두 손이 형벌 도구로 얽힌 죄수를 그렸다. 아니면 옥에 이런 형벌 도구가 있는 모습일 수도 있다.

122 　갚을 보

bào

한 손으로 무릎을 꿇고 앉은 사람이 범죄자를 억누르는 모습인데, 두 손이 형벌 도구에 채워졌다. 범죄자를 이미 체포했다는 사실을 상부에 보고하다는 뜻이다.

① 동물

② 전쟁 형벌 정부

③ 일상생활 ①

④ 일상생활 ②

⑤ 기물제작

⑥ 삶과 신앙

123 **칠 주**

zhōu

3개의 구성 요소로 조합되었는데, 왼쪽 상단은 형벌 도구이고, 오른쪽 윗부분은 한 손에 들린 몽둥이[攴]이며, 아랫부분은 그릇이다. 몽둥이로 피가 나도록 범인을 때리고 그 피를 그릇에 받아 담는다는 뜻을 표현했다. 이렇게 받은 피는 신에게 제사를 드리는데 사용했을 것이다.

金

124 **물을 신**

xùn

두 손이 몸 뒤로 묶여 있고 입을 벌리고 심문을 받는 모습의 사람을 그렸다. 이로부터 '심문하다'는 뜻이 나왔다.

金 甲

125 **공경할 경**

jìng

몽둥이로 몸 뒤에서 치는 모습이고, 입으로 범죄자를 심문하는 모습이다. 원래는 귀족 중에서 죄를 지은 자에 대해 행하던 경고의 일종이었으나, 이후 '존중하다', '예우하다' 등의 의미로 가차되었다.

金

형벌

126 **신하 신**

chén

세로로 선 눈의 모습을 볼 때, 등급이 낮은 관리를 나타냈다. 이들은 머리를 들어야만 높은데 앉아 있는 관리자를 쳐다 볼 수 있다는 의미에서 범죄자나 낮은 수준의 관리를 지칭하는데 사용했다.

金 甲

127 **어질 현**

xián

간(臤)은 현(賢)의 원래 글자이다. 노예를 장악할 수 있는 재능이 있으면 대량의 인력을 조직하고 통제하여 어떤 일을 할 수 있다는 의미를 담았다.

甲

128 　벼슬 환

huàn

한 사람의 눈이 지붕이 있는 옥에 간힌 모습이다. 범죄를 지은 자가 관리 지위에 있는 사람과 협력하여 다른 범죄자를 감시하는 데 도움을 줄 때는 그를 뽑아 말단 관리로 쓸 수 있음을 반영했다.

129 　어리석을 은

yín

신(臣)자 주위로 5개의 원이 배치된 모습이다. 아랫사람들은 종종 소란을 일으켜 대우가 충분치 않다고 불만하고 불평한다. 4개의 입이 시끄러운 소리를 내어 주인을 성가시게 만드는 것과 같다는 뜻에서 '멍청하다', '싸우길 좋아하다'는 의미를 갖는다.

130 　들렐 효

xiāo

혈(頁)자 주위로 4개의 구(口)가 분포한 모습이다. 고문자에서 혈(頁)은 귀족의 형상이다. 귀족이 부하를 부를 때에는 종종 어조가 높고 급한 것이 마치 여러 사람들이 떠드는 것과 같다 하여 '떠들어대다', '시끄럽다'의 뜻을 표현했다.

① 동물

❷ 전쟁 형벌 정부

❸ 일상생활 ①

❹ 일상생활 ②

❺ 기물제작

❻ 삶과 신앙

131 **첩 첩**

qiè

무릎을 꿇고 앉은 여성인데 머리에 삼각형으로 된 부호가 있다. 헤어스타일을 표현한 것으로 보이는데, 이로써 지위가 낮은 여성을 나타냈을 것이다.

132 **종 노**

nú

한 여성의 옆에 손 하나가 있는 모습인데, 다른 사람의 통제를 받는 여성을 말한다.

오형과 법제

❶ 동물

❷ 전쟁 형벌 정부

❸ 일상생활 ①

❹ 일상생활 ②

❺ 기물제작

❻ 삶과 신앙

133 **죄 벌**

fá

그물, 칼, 긴 튜브를 가진 나팔의 형상으로 구성되었다. 나팔은 '말'을 뜻하는 기호이고, 칼[刀]은 사람을 해치는 무기이며, 그물은 야생 동물을 잡는 도구이다. 이로써 칼이나 말로 사람을 해치는 것은 모두 잡아 처벌해야 하는 대상임을 반영했다.

134 **백성 민**

mín

한쪽 눈이 날카로운 바늘에 찔린 모습이다. 바늘에 찔리면 물체를 명확하게 볼 수 없게 되는데, 이것은 범죄자들에 대한 처벌을 말한다. 민(民)은 원래 범죄자들을 지칭했으나 나중에 통제 받는 일반 대중을 지칭하게 되었다.

135 **아이 동**

tóng

눈이 뾰족한 바늘에 찔려 상해를 입은 자형에다 독음을 나타내는 동(東)자가 더해진 모습이다. 눈을 찌른 대상은 남성 노예였기 때문에 '남자'라는 의미가 생겼다. 이후 의미부 인(人)을 더해 형성구조인 동(僮)을 만들어 아동(兒童)이라는 뜻의 동(童)과 구분했다.

136 소경 완

원망할

원

怨

智

yuàn   yuān

눈 하나와 눈을 파내는 도구로 구성되어, 눈을 하나 파내는 형벌을 의미한다. 한 사람이 형벌을 받고 나면 그의 마음에 원한이 생기는 것은 필연적이다. 그래서 '원망'이라는 뜻이 생겼다.

137 검을 흑

黑

hēi

金

사람의 머리나 얼굴에 글자를 새겨 넣은 모습이다. 바늘 침을 사용해 얼굴에 무늬를 새겨 넣고 거기에다 검은 물감을 칠하여 범죄자라는 낙인을 영원히 남도록 하였는데, 이것이 소위 묵형(墨刑)이라는 것이다.

138 재상 재

宰

zǎi

金 甲

집안에 문신을 새기는 도구가 있는 모습이다. 이는 집안의 누군가가 다른 사람을 처벌할 권한이 있다는 것을 의미하므로, '도살하다', '통괄하다' 등의 뜻이 나왔다.

허물 죄

罪 皋

zuì

문신 새기는 도구와 코로 구성되어, 코 위쪽의 이마에 문신을 새기다는 뜻을 나타낸다. 이러한 형벌은 죄를 지은 사람만이 받는 형벌이었다.

140

종 복

僕

pú

범죄자가 입는 옷을 입고 머리에는 죄인을 상징하는 문신이 새겨졌고, 대나무 바구니를 두 손에 들고 쓰레기를 버리는 모습이다. 비천한 일은 원래 범죄자들이 하던 일이었는데, 나중에 점차 가난한 사람들의 일로 발전했다.

141

코 벨 의

劓

yì

칼과 이미 잘린 코가 결합된 모양이다. 금문 자형에 의하면 코 아래쪽에 '목(木: 나무)'이 추가되어 잘린 코가 나무에 매달렸다는 사실을 나타냈으며 이로써 사람들에게 법령을 위반하지 않도록 경고했다.

142　벨 월

yuè

한 손에 톱과 같은 도구를 들고 사람의 다리 하나를 자르는 모습이다.

143　매달 현

xiàn

사람의 머리를 밧줄로 묶어 나무에다 '매달아' 놓은 모습으로, 지금의 현(懸)자 이다. 성문은 사람들이 가장 많이 오가는 곳이었기에, 거기에다 사람의 머리를 매달면 효수의 효과가 최고였다. 이것이 현(縣)자가 사법적 판결의 가장 작은 단위인 '현'이라는 뜻을 갖게 된 이유일 수도 있다.

144　용서할 사

shè

한 손에 채찍을 든 사람이 다른 사람을 피가 나도록(대(大)자의 옆에 그려진 작은 점들) 때려 죄를 대신 면제받는 행위로 삼았다.

145 배울 학

xué

갑골문 자형을 보면 여러 가지 요소로 구성되어 있다. 두 손으로 물건을 받는 모습, 집의 모습, 어린이의 형상, 그리고 효(爻)자처럼 생긴 자형 등이다. 효(爻)는 다중으로 매듭지어진 결승을 말하는데, 대자연에서 살던 고대 사회에서의 가장 기본 생활 기술의 하나이다.

146 울 번

fán

두 손을 사용하여 나무 막대 하나하나를 밧줄로 묶어 울타리를 만드는 모습이다. 여기에 등장하는 효(爻)는 매듭처럼 묶은 여러 겹이 교차되게 짠 밧줄의 모습이다.

147 본받을 교

jiāo

효(爻)와 복(攴)의 조합으로 이루어졌고, 여기에다 자(子)가 더해졌다. 강압적으로 남자아이를 가르치는 모습을 표현했는데, 매듭을 묶는 기술을 배우는 것을 의미한다.

金 甲

金

金 甲

❶ 동물

❷ 전쟁 형벌 정부

❸ 일상생활 ①

❹ 일상생활 ②

❺ 기물제작

❻ 삶과 신앙

148 **어지러울 패**

bèi

방패가 하나는 정면의 모습이고 다른 하나는 반대의 모습을 하였다. 이러한 무기는 방어도 가능하지만 공격도 가능하다. 만약 방패가 서로 마주 보는 모습이라면 서로에 피해를 입힐 수 있다. 부대가 혼란하고 당황한 상태에서 서로 충돌하여 자기편을 다치게 한다는 뜻에서 '위배하다'는 의미로 확장되었다.

149 **설 립**

lì

땅위에 서있는 성인의 모습으로(아래쪽에 있는 가로획은 주로 지면을 나타낸다), '서 있다', '똑바로 서다', '세우다' 등의 의미를 갖는다.

150 **아우를 병**

bìng

두 개의 입(立)자가 나란히 있는 모양으로, 두 명의 성인이 서로 옆에서 같은 바닥에 서 있는 모습이다. 그리하여 '나란히 서다'는 뜻이 나왔다.

151 **쇠퇴할 체**

ti

갑골문 자형에서는 한 사람의 서있는 위치가 다른 사람이 서있는 위치보다 약간 낮은 모습을 했다. 마치 줄이 가지런하지 않아 대오가 흐트러진 듯한 모습을 하였다. 이로부터 '폐지하다'는 뜻이 나왔다. 금문에서는 두 사람이 함께 함정에 빠져 입을 벌리고 구해 달라 소리치는 모습을 했다.

152 **싸울 투**

dòu

두 사람이 맨손으로 서로 싸우는 모습이다. 싸움은 효과적인 신체 훈련이며 레슬링과 같은 오락 스포츠로 발전하기도 쉽다.

① 동물

② 전쟁 형벌 정부

③ 일상생활①

④ 일상생활②

⑤ 기물제작

⑥ 삶과 신앙

정부 관료

153 **임금 왕**

wáng

높고 위가 좁은 삼각형에 짧은 가로 획이 있는 모습인데, 그 다음에 다시 짧은 가로획을 위쪽에 추가했고 아래쪽의 삼각형이 직선으로 변했다. 이 삼각형은 모자의 형상을 나타낸다. 전장에서 아랫사람들에게 쉽게 보일 수 있도록 왕은 높은 모자를 쓰고 전쟁을 지휘했다.

154 **임금 황**

huáng

원래의 의미는 깃털로 장식된 아름다운 물품인데, 이후 위대함, 숭고함, 휘황찬란함 등을 설명하는 데 사용된다. 위쪽의 원형은 삼지창이 두드러지게 그려진 왕관이고 깃털로 장식된 모자의 모습이다. 아래 부분의 구조는 삼각형으로 모자의 몸통이다.

155 **하여금 령**

lìng

무릎을 꿇고 앉은 사람이 삼각형의 모자를 머리에 쓰고 있는 모습이다. 모자를 쓴 사람은 명령을 내릴 수 있는 사람이다. 전투의 편의를 위한 것일 수 있는데, 명령을 내리는 사람이 모자를 쓰고 있으면 군중들 속에서 드러내 쉽게 식별할 수 있다.

156 **아름다울 미**

měi

사람의 머리에 높게 솟은 곡선의 깃털 또는 이와 유사한 장식물이 달린 모습으로 '아름답다', '좋다' 등의 의미를 표현한다. 머리 장식은 고대 사회 또는 씨족 부족 사회에서 사회적 지위의 중요한 상징이었다.

157 **다스릴 윤**

yĭn

한 손에 붓을 든 모습으로, 왕이 자신을 대신하여 관리들을 관리하도록 임명한 관리를 말한다.

❶ 동물

❷ 전쟁 형벌 정부

❸ 일상생활 1

❹ 일상생활 2

❺ 기물제작

❻ 삶과 신앙

158 붓 율

yù

필(筆)의 초기 형태로, 한 손에 털이 많이 달린 붓을 잡은 모습이다. 이로써 글쓰기와 관련된 일들을 표현했고, 이러한 행위를 부각시키기 위해 붓 봉을 갈라진 모습으로 표현했다.

159 쓸 서

shū

먹을 담은 그릇 위로 한 손에 털이 많은 붓대를 잡은 모습이다. 붓으로 먹을 적신 후 글씨를 쓸 수 있다는 의미를 반영했다. 서(書)자의 원래 의미는 '필사하다'는 뜻이었는데, 이후 '서책'으로 의미가 확장되었다.

160 임금 군

jūn

털이 많은 붓대를 한 손으로 잡은 모습인데, 붓 봉이 하나로 뭉쳐진 모습을 했다. 붓을 들고 글을 쓰는 사람이 명령을 내릴 수 있는 지도자임을 나타냈다.

① 동물

② 전쟁 형벌 정부

③ 일상생활 ①

④ 일상생활 ②

⑤ 기물제작

⑥ 삶과 신앙

161 **그림 화**

huà

한 손에 붓을 들고 교차되는 십자선 모양을 그리는 모습이다. 밑그림은 자수의 첫 번째 단계로, 의류의 가장자리를 따라 새긴 '치둔(黹屯)'의 도안을 그렸을 것이다.

162 **역사 사**

shǐ

163 **벼슬아치 리**

lì

사(史)의 직무는 여러 줄로 되어 있는 글씨 쓰는 나무판[木牘]을 사용해 현장을 기록하는 일이다. 리(吏)와 사(事)는 사(史)에서 분화되어 나온 글자인데, 한 손으로 글씨 쓰는 나무판을 갖다 놓는 모습이다.

164 **일 사**

shì

165 **책 책**

cè

끈으로 여러 가닥의 글씨를 쓸 수 있는 대나무 조각편을 묶어 '책'으로 만든 모습이다. 갑골문에 자주 보이는 '작책(作冊)'이라는 관직은 상으로 내릴 내용을 대나무 조각편[竹簡]에다 기록하는 일을 맡았다. 내용을 다 기록한 후 끈으로 엮어 두루마리로 한 권으로 만든 다음 상을 받은 사람들이 그것을 들고 자리에서 퇴장할 수 있도록 했다.

166 **법 전**

diăn

두 손으로 얇은 끈으로 묶어 만든 책(冊)을 바쳐 든 모습이다. 전(典)자는 중요한 책을 지칭하는데, 상대적으로 무거워 두 손으로 받쳐 들고 읽어야 했다.

167 **무당 무**

巫

wū

두 개의 I자형이 교차한 어떤 기구의 모습인데, 이는 대나무로 만들어졌으며 길이는 약 6치[寸]로 된 산가지이다. 대로 된 이 산가지를 배열하고 이에 따라 길흉을 점쳤다. 이후 이런 점을 치는 '무당'을 지칭하게 되었다.

빌 축

zhù

한 사람이 선조의 신위를 뜻하는 시(示) 앞에 무릎을 꿇은 모습이다. 기도를 위해 입을 벌리거나 두 손을 들어 기도를 하는 모습으로 보인다. 갑골문에서는 '축도(祝禱)'의 의미로 쓰였다. 이후 주술사(무당)와 비슷한 직무를 가진 사람을 지칭하게 되었고, 무(巫)와 결합한 무축(巫祝)이라는 복합어를 만들게 되었다.

장인 공

gōng

공(工)은 매달려있는 악기이다. 고대에는 음악이 주술의 힘을 가진 것으로 여겨졌으며, 악사는 제전에 참여할 수 있는 소수의 사람에 속해 다른 장인들보다 지위가 높았다. 음악이 점차 오락으로 발전하면서 악사의 지위는 떨어지게 되었고, '백관(百官: 일반 벼슬아치)'과 같은 부류에 속하게 되었다. 그래서 '백공(百工: 온갖 장인)'이라는 말이 나왔다.

① 동물

② 전쟁 형벌 정부

③ 일상생활 ①

④ 일상생활 ②

⑤ 기물제작

⑥ 삶과 신앙

170 **칠 공**

gōng

채를 사용하여 매달아 놓은 '석경(石磬: 돌로 만든 경쇠)'을 치는 모습이다. 그런 다음 석경을 긁어내고 갈아 돌 조각이 떨어져 나오게 하는 방식으로 음을 조절했다. 음을 교정하고 조율하는 것은 더 나은 음질을 위한 것이므로, 공(攻)자에 '개선하다', '기대하다' 등의 확장된 의미가 생기게 되었다.

171 **말 사**

cí

실패에 감긴 실을 한 손에 들고 다른 한 손에는 뜨개질 고리를 잡고 어지럽게 엉킨 실을 정리하는 모습인데, 이로써 '다스리다'는 의미를 갖게 되었다.

172 **맡을 사**

sī

갑골문의 사(辭)를 간단하게 줄여 쓴 글자로 보인다. 뜨개질 고리와 용기의 조합으로 이루어졌는데, 엉킨 실을 다 정리한 후 다시 쓸 수 있도록 광주리에 담는다는 의미를 담았다.

제3부

일상생활❶
음식과 의복

음식 / 오곡과 잡곡

❶ 동물

❷ 전쟁 형벌 제도

❸ 일상생활 ①

❹ 일상생활 ②

❺ 기물제작

❻ 삶과 신앙

173 **밥 식**

shí

음식 그릇을 그렸는데, 김이 무럭무럭 나는 음식과 뚜껑이 달린 모습이다. 어떤 자형에서는 수증기가 식은 후에 물방울로 변해 떨어지는 모습이 그려지기도 했다.

| 金 | 甲 |

174 **벼 화**

hé

똑바른 줄기, 곧은 잎, 그리고 이삭을 늘어뜨린 곡식류 식물을 그렸다. 화(禾)는 곡물의 총칭인데, 중국인들은 주로 북부 지역에서 활동을 하였고, 그들이 심었던 주요 곡물이 조였다. 그래서 화(禾)는 조와 같은 곡물류 농작물을 그린 것임에 틀림없다.

| 金 | 甲 |

175 나무 성글 력

lì

두 개의 화(禾)가 나란히 배열되었는데, 그들 간의 거리가 성글게 처리된 모습이다.

176 지낼 력

lì

력(秝)과 지(止)가 조합된 모습인데, 발[止]이 두 줄로 된 곡식[秝] 사이로 난 작은 길을 걸어가는 모습이다.

177 기장 서

shǔ

곧추선 줄기를 가진 식물의 모습인데, '화(禾: 조)'와 다른 점은 '서(黍: 기장)'는 잎이 위쪽으로 뻗어 있고 끝 부분에서 아래로 처진다는 것이다. 이 글자에는 종종 '수(水: 물)'가 더해진 형상을 하곤 하는데, 그것이 술을 담는 데 사용되었음을 표현해 준다.

178 **기장 직**

 jì

자형의 왼쪽 부분은 화(禾)이고 오른쪽 부분은 형(兄)이다. 형(兄)은 꿇어앉은 사람이 두 손을 앞으로 내밀고서 축도를 올리는 모습이다. 직(稷)은 고대사회에서 농업을 관장하는 관리를 지칭하는 말로 쓰였다.

179 **화목할 목**

mù

화(禾)의 이삭이 이미 다 자라 속이 가득 차 무게를 이기지 못하고 아래로 처진 모습이며, 이삭 끝에도 *까끄라기*가 가늘게 자라난 모습이다.

180 **벼 도**

稻

dào

쌀알이 입이 좁고 바닥이 뾰족한 토기의 위에 놓인 모습이다. 쌀은 중국의 남부에서 생산되는데, 이 글자는 거기서 생산된 쌀을 토기에 담아 북방으로 운송하였음을 나타낸다.

181 **올 래**

來

lái

식물의 곧추선 줄기와 대칭을 이룬 늘어진 잎이 그려졌다. 래(來)는 '서 (黍: 기장)'나 '도(稻: 벼)'와 구분되어 '보리' 품종을 말했을 것으로 보인다. 이 품종은 외래 작물이었기에 '오다' 는 뜻이 생겼다.

182 **보리 맥**

麥

mài

래(來)와 식물의 수염뿌리를 뜻하는 치 (夊)(止의 거꾸로 된 모습)로 구성되었다. 보리는 수염뿌리가 매우 길게 자라 땅 속에서 물을 흡수할 수 있어 상대적으 로 건조한 지역에서도 잘 자랄 수 있다. 보리는 상나라 때에 매우 드물어 당시 의 일상 작물은 아니었던 것으로 보인 다.

183 **콩 숙**

尗

shū

한 손으로 콩의 꼬투리를 따고 있는 모 습이다. 콩(尗)은 다섯 가지 주요 곡물 중의 하나이다.

184　삼 마

má

집(혹은 덮개) 안에 이미 겉껍질이 분리된 삼이 두 개 있는 모습이다. 삼의 가공은 불로 삶아야 하는 공정이 필요한데 대부분 집에서 처리되었다. 그래서 이 글자는 삼이 집안에 자주 등장한다는 특성을 강조하였다.

3.2
음식／작물채취와 가공

185 **갈라서 떼어 놓을 산**

椕

sàn

한 손에 막대기를 들고 이미 표피가 분리된 두 그루의 삼을 두드리고 있는 모습이다. 삼의 표피는 칼로 해도 쉽게 벗겨지지 않으므로 표피를 두드리는 방식으로 해야만 속 줄기와 표피가 잘 분리된다.

186 **이삭 수**

穗

suì

수(采)는 한 손이 곡식[禾] 위에 놓인 모습인데, 다 자란 이삭을 손으로 따던 가장 원시적인 수확 방법을 반영하였으며, 이로부터 '이삭[穗]'의 의미를 갖게 되었다. 수(采)가 채(采)와 모양이 서로 비슷해 혼동되기 쉬웠으므로, 새로운 형성자인 수(穗)를 만들어 대체했다.

187

어긋날 차

chà/chāi

손으로 곡물을 통째로 수확하는 모습을 그렸다. 곡물 수확의 가장 원시적인 방법이 손으로 하는 것이다. 신석기 시대에는 조개껍질을 수확하는 데 사용했으며, 나중에는 돌칼을 사용하여 곡물의 이삭을 채취했다. 손으로 하는 것이 가장 비효율적이었으므로 이에 '좋지 않다'는 뜻이 생겼다.

篆 金

188

날카로울 리

lì

한 손으로 곡물을 잡고, 칼을 사용하여 뿌리에서부터 두 부분으로 절단하는 모습이다. 칼로 자를 때에는 칼이 '날카로워야만' 수확의 속도를 높여 '이익'을 만들 수 있다는 이중적 의미를 담았다.

金 甲

189

다스릴 리

lí

갑골문에서의 자형은 한 손에 나무 막대기를 들고서 볏단을 두드리는 모습이다. 이는 볏단에서 낱알을 분리하기 위한 것이고, 이것이 농작물 수확의 상징이 되었다. 금문에서는 패(貝)자가 더해졌는데, 농작물의 수확이 국가 재정의 중요한 원천이었음을 말해주고, 이로부터 '다스리다'는 의미가 담겼다.

金 甲

190 **해 년**

nián

갑골문의 자형에서는 성인 남자와 그의 머리 위로 다발이 묶인 곡식이 있는 모습인데, 곡식을 운반하는 모습이다. 이로부터 곡식의 수확을 상징했고, 또 1년이 지났음을 상징했다. 금문에서는 '인(人: 사람)'과 '화(禾: 곡식)'가 점차 분리되기 시작했으며, 이후에는 인(人)자에 짧은 가로획이 더해졌다.

金 甲

191 **맡길 위**

wěi/wēi

한 여성이 머리에 묶은 볏단을 이고 있는 모습인데, 이는 여성조차도 수확한 볏단을 옮기는데 동원되었음을 표상한다. 여성이 볏단을 옮기는 이런 힘든 일에 동원되면 힘이 부치기 마련이고, 그래서 '위임(委任: 남에게 맡기다)', '작고 세세하다' 등의 의미가 나왔다.

篆

192 **끝 계**

季

jì

한 어린아이의 머리에 묶음으로 된 볏단이 놓인 모습이다. 어린아이는 마지막으로 사용할 인적 자원이다. 그래서 '계세(季歲: 한 해의 마지막)'나 '계춘(季春: 봄의 마지막 달)' 등과 같이 계(季)를 가지고서 계절의 마지막을 표현하였다.

金 甲

193　찧을 용

chōng

절구통의 윗부분에 두 손으로 절굿공이를 잡은 모습이다. 절굿공이로 절구통에 담긴 곡식을 찧어 껍질을 벗기는 작업을 그렸으며, 작은 점들은 곡식의 낟알을 나타낸다.

194　벼 이름 진

qín

자형을 보면, 두 손으로 절굿공이를 잡고 먹을 수 있는 쌀을 만들기 위해 두 개의 곡식 묶음을 찧고 있는 모습이다. 이는 제사를 지내는 의식의 하나였는데, 신령에게 새로 수확한 쌀을 제공하기 전에 신의 보살핌에 감사드리며 풍성한 수확의 모습을 연출한 수확 춤이었을 것이다.

195　쌀 미

mǐ

6개의 곡식 낟알은 여러 개를 상징하고, 가로로 된 획으로 이들을 분리한 모습이다. 상나라 때 미(米)라고 하면 껍질을 벗긴 어떤 곡물을 통칭했지 어떤 특정한 곡물을 제한하여 불렀던 것은 아니다.

196 조 속

sù

'화(禾: 조)'처럼 생긴 곡물과 덩이진 알갱이의 모습으로 되었는데, 이미 껍질이 벗겨진 알맹이라는 사실을 강조했다. 옛날에는 속(粟)과 미(米)는 특정 곡물이 아니라 껍질을 벗긴 모든 곡물의 알맹이를 지칭할 수 있었다.

甲

197 기장 량

liáng

미(米)를 의미부로 삼는 글자들은 모두 이미 껍질이 벗겨진 알갱이를 말한다. 량(粱)은 미(米) 외에도 창(刅), 수(水), 정(井) 등으로 구성되었는데, 창(刅)이 소리부로 쓰인 형성구조일 것이다. 량(粱)은 상나라와 왕조의 귀족들이 제사를 지내고 손님을 접대하는 잔치를 벌일 때 쓰던 고급 기장이었다.

金

3.3
음식 / 요리방법과 요리기구

198 **고기 구울**

자

zhì

고기 한 덩어리를 불 위에 놓고 직접 굽는 모습이며, 이로부터 '직접 접촉하다는 뜻이 생겼다.

篆

199 **고기 육**

ròu

분리된 고깃덩어리의 모습이다. 사냥에서 잡은 짐승이나 집에서 키우는 가축은 몸집이 워낙 커서 분리해 덩어리로 나누어야만 옮겨와 요리하기가 쉬웠다.

甲

200 **많을 다**

duō

두 개의 고기 덩어리를 나타낸 모습인데, 이로부터 '많다'는 추상적인 개념을 표현하였다.

金 甲

201 **여러 서**

shù

석(石)과 화(火)의 조합으로 되었는데, 불로 돌을 달구어 굽는 것을 의미한다. 고대인들은 사냥을 했을 때 조리 기구를 가지고 다니지 않았으므로 돌을 달구어 고기를 굽는 조리법을 사용했다. 돌을 달구어 조리하는 방법은 많은 자갈을 사용해야하기 때문에 서(庶)에 '많다'와 '대단히 많은 사람'이라는 의미가 생겼다.

金 甲

202 **놈 자**

zhě

203 **삶을 자**

zhǔ

용기에 채소와 뜨거운 물이 담긴 모습이다. 자(者)는 자(煮)의 근원이 되는 글자이다. 조사로 쓰인 자(者)와 구별하기 위해 아래쪽에다 화(火)를 더했고, 불을 이용해 삶는다는 의미를 더욱 명확하게 표현했다.

204 **향기 향**

xiāng

토기 위에 밀이나 기장 등과 같은 곡식이 그려졌다. 곡식의 알갱이를 불에 익히면 식욕을 끌어당기는 향을 낸다는 뜻이다.

金 甲

甲

205 **불꽃 섭**

xiè

한 손에 가늘고 긴 대나무 통을 들고 불 위에서 굽는 모습이다. 이 방법으로 밥을 지으려면 대나무 통이 거의 다 탈 때까지 구워야 한다. 그래서 '푹 익히다'는 뜻이 나왔다.

206 **부엌 조**

竈 zào

동굴 또는 집과 벌레가 그려진 모습이다. 음식을 조리하는 곳에는 필연적으로 벌레가 나타난다. '부뚜막'은 동굴과 같은 구조를 가졌는데, 나중에 조(竈)의 필획이 너무 많아 복잡하다 생각되어 화(火)와 토(土)로 구성된 조(灶)를 만들었다.

207 **솥 정**

dǐng

가장 윗부분 기물의 입에 두 개의 귀가 표현되었고, 아랫부분은 서로 다른 형식의 지지대가 표현되었다. 가장 자주 보이는 형태는 둥그스름한 배에 발이 세 개 달린 형태인데, 이후 쓰기 편하게 하고자 두 개의 다리만 그렸다.

208 **갖출 구**

具

jù

두 손으로 세발솥[鼎]을 잡거나 세발 솥을 위로 들어 올리는 모습을 했다. 토기로 만든 세발 달린 솥은 집집마다 갖추고 있던 필수 조리 기구였으므로, 이에 '갖추다', '준비하다' 등의 의미가 들었다.

209 **수효 원**

員

yuán

세발솥[鼎] 하나와 원형 하나를 그렸다. 토기로 만든 세발 달린 솥은 대다수가 둥근 모양이었고, 그래서 글자를 만드는 사람들이 이를 갖고 와서 추상적인 '원'의 의미를 표현했다.

210 **막을 격/ 솥 력**

鬲

gé/lì

정(鼎)에서 분화해 나온 기물이다. 력(鬲)은 지탱하는 발의 속이 비어 곡물을 삶는데 적합했다.

211   **통할 철**

chè

력(鬲)과 축(丑)이 조합된 모습이다. 축(丑)은 어떤 물건을 단단히 잡는 동작이다. 굽은 손가락을 뻗어 솥[鬲] 속의 속이 빈 발까지 넣어야만 깨끗하게 청소할 수가 있는데, 이로부터 '철저(徹底)하다'는 뜻이 생겼다.

212   **밥그릇 로**

爐

lú

화로가 받침대 위에 놓인 모습이다. 금문에서는 작은 용기의 이름으로 사용될 경우에는 명(皿)이 더해졌으며, 만약 청동으로 만든 작은 연소 기구를 지칭할 때에는 금(金)을 더해 사용했다.

3.4
음식 / 음식예절과 식기

213 **벼슬 경**

卿

qīng

214 **잔치 향**

饗

xiǎng

215 **향할 향**

嚮

xiàng

두 사람이 음식 앞에서 무릎을 꿇고 있는 모습으로, 중간에는 대부분 용기[皀]가 놓여 있는데, 윗부분은 음식으로 가득 찬 모습이다. '경사(卿士: 고관대작)', '향연(饗宴: 잔치)', '상향(相嚮: 서로 마주하다)'는 세 가지 의미를 가지는데, 모두 귀족의 식사 예절과 관련이 있다.

金 甲

❶ 동물

❷ 전쟁 형벌 제도

❸ 일상생활 ①

❹ 일상생활 ②

❺ 기물제작

❻ 삶과 신앙

216 곧 즉

即

jí

막 음식을 먹으려 자리하는 사람의 동작을 그렸다. 즉(即)은 일종의 시간 부사로 '곧'이라는 추상적인 의미로 쓰이는데, 막 음식을 먹으려 하는 동작을 빌려와 '곧 일어날' 상황을 표현했다.

217 이미 기

既

jì

무릎을 꿇고 식사하는 한 사람이 음식 앞에서 입을 벌리고 몸을 뒤돌린 모습이다. 이로써 어떤 일이나 어떤 동작이 '이미' 끝났음을 표현했다.

218 버금 차

次

cì

음식을 먹을 때 음식이 입 밖으로 튀어 나오는 예의 없는 행동을 그렸으며, 이로부터 '낮다', '열등하다' 등의 뜻이 나왔다.

219 **침 연**

涎

次

xián

입을 벌린 채로 침을 흘리고 서 있는 사람의 모습이다. 귀족들의 연회에서 이 모습은 보기 흉하고 예의를 잃은 행동이다. 흘리는 침방울은 나중에 수(水)로 통일되었다.

篆 甲

---

220 **훔칠 도**

盜

dào

한 사람이 접시에 담긴 음식을 보고 입에 침을 흘리면서, 몰래 맛보고 싶어 하는 모습이다.

金

篆

---

221 **대야 관**

盥

guàn

한 손을 대야에 넣고 손을 씻는 모습이다. 한나라 이전 사람들은 손으로 음식을 집어 먹었다. 그래서 먹기 전에 먼저 손을 씻어야했다. 금문에서는 한 손이 두 손으로 바뀌었고, 물방울도 수(水)자로 바뀌었다. 바로 두 손을 대야에 담가 물로 깨끗이 씻는 모습을 나타내었다.

金 甲

222 그릇 명

mǐn

둥근 몸체와 두루마리 발이 있는 용기를 그렸다. 두 귀를 드러낸 자형도 있는데, 크기가 비교적 큰 기물이라 귀를 잡고 쉽게 옮길 필요가 있었을 것이다. 명(皿)의 크기는 정해진 것이 없는데, 보통 식사용 기물로 쓰였으나, 또 다른 용도로 쓰이기도 했다.

223 콩 두

dòu

두루마리 발을 가진 둥근 몸통의 용기를 말하는데, 아가리의 테를 잘 그려냈다. 두(豆)는 가장 기본적인 식기의 하나였다.

224 제기 이름 궤

guǐ

한 손으로 숟가락을 들고 용기[簋] 속에 담긴 음식을 뜨는 모습을 그렸다. 궤(簋)는 두(豆)와 외관이 비슷하지만 크기는 훨씬 큰데, 글자를 만들면서 손으로 숟가락을 쥐는 모습으로 이러한 특징을 강조했다.

225　**도마 조**

zǔ

평평한 용기에 두 덩어리의 고기가 놓인 모습이다. 도마[俎]는 제사를 지낼 때 자주 등장하는 기물이다. 금문에 이르러, 일부 자형에서는 두 덩어리의 고기가 도마의 바깥 부분으로 나왔으며, 다시 두 개의 복(卜)자로 단순화 되었다.

음식 / 음주와 술그릇

226　　**마실 음**

yǐn

한 사람이 물이 담긴 항아리나 술통을 내려 보고 서서 입을 크게 벌리고 마시려 하는 모습이다. 혀를 강조해 그림으로써, 혀로 맛을 구분하는 기능을 강조했다.

227　　**술 주**

jiǔ

술 항아리와 튀어나온 세 개의 물방울이 그려졌다. 주둥이가 좁고 긴 몸체에 바닥이 좁고 뾰족한 모양의 병은 앙소(仰韶) 문화유적에서 자주 보이는 기물이다.

228 **술 거를 숙**

sù/yóu

띠 풀을 묶은 단을 든 두 손이 술독의 옆에 놓인 모습인데, 띠 풀 묶음으로 술을 걸러내는 모습을 표현한 것으로 보인다. 술은 처음 양조될 때 곡물 찌꺼기를 함유하고 있으므로, 찌꺼기를 걸러내야만 비로소 좋은 고급술이 된다.

229 **잔 작**

jué

술을 거르는 기물의 일종이다. 작(爵)의 모양은 매우 복잡한데 몇 가지 특징이 있다. 즉 아가리 가장자리에 기둥[柱]이 있고, 술을 흘려보낼 수 있는 아가리[口流]가 있으며, 기물의 바닥에 세 개의 발이 있다. 금문 자형에서는 손이 하나 더해졌는데, 한 손으로 이 기물을 잡은 모습을 표현했다.

230 **술잔 가**

jiǎ

용기의 일종으로, 아가리 가장자리에 두 개의 기둥이 있고, 기물의 바닥에는 두 개나 세 개의 발이 있다. 상나라 유적지에서 발굴된 문물과 대조해 볼 때, 가(斝)라고 이름 붙여진 술을 걸러내고 데우는 기구로 볼 수 있다.

① 동물 ② 전쟁 형벌 제도 ❸ 일상생활① ④ 일상생활② ⑤ 기물제작 ⑥ 삶과 신앙

231 　마을 조

cáo

나무로 만든 통에서 술을 거르는 모습이다. 위쪽에 있는 두 개의 주머니는 술을 걸러내기 위해 섬유나 밧줄로 짰다. 나무통으로 술을 걸러내는 일은 술도가에서 술을 걸러내 고급술을 만드는 장치이다.

232 　울창주 창

chàng

특정 종류의 꽃송이를 그린 모습이다. 고추, **사이프러스**, 계피, 난초, 국화 등과 같은 식물의 꽃잎이나 잎을 사용하여 특별하게 만든 향이 나는 술(창주)은 신령에게 제사를 드릴 때 제공되던 중요한 제수였다.

233 　부를 소

zhào

술잔과 국자를 든 두 손이 술을 데우는 기물 위에 놓인 모습으로, 간접적으로 술을 데우는 모습이다. 이는 연회 시간이 오래 걸리고 천천히 술을 마시며 여유 있게 이야기를 나눈다는 것을 의미한다.

234 아내 배

pèi

한 사람이 술독 옆에 무릎을 꿇고 있는 모습이다. 고대의 연회에서는 모든 사람이 자신의 술독(또는 술잔)을 갖고 와서 술을 자신에게 맞는 농도로 조정했는데, 이것이 배(配)의 유래이다.

235 초 혜

xī

세 가지 구성성분으로 이루어졌는데, 유(酉)는 항아리에 가득 담긴 식초를, 류(疏)는 머리를 숙여서 감는 성인의 모습을 그렸으며, 또 명(皿)은 접시를 뜻한다. 이로써 식초를 사용하여 머리를 감았음을 표현했다. 혜(醯)의 필획이 너무 많아 '초(醋: 식초)'라는 글자로 대신하였을 것으로 추정된다.

236 술통 유

yǒu

데운 술이나 차갑게 식힌 술을 담는 용기를 뜨거운 물이나 얼음덩어리가 있는 큰 용기에 놓고 손님을 맞을 연회를 준비했다.

237   병 호

壺

hú

뚜껑이 있고 곧추선 몸통에 둥근 바닥을 가진 용기이다. 발굴된 유물과 대조해 볼 때, 호(壺)라는 술그릇이라 할 수 있다.

238   높을 존

尊

zūn

두 손으로 술 항아리를 받들고 있는 모습이다. 큰 호리병[壺]에서 작은 술통으로 나누어 옮겨 담는데, 이 작은 용기가 준(尊=樽)이다.

3.6
음식 / 휴식 시간

239 **아침 단**

dàn

해수면에서 해가 떠오르거나 해수면에서 해가 떠오를 때 반사된 장면을 보여준다. 이후 해의 아랫부분이 가로획으로 단순화되었다.

240 **캘 채**

cǎi

한 손이 나무 위에서 과일이나 나무의 잎을 따는 모습이다. 또 태양의 광채(光彩)를 묘사하기 쉽지 않았기 때문에, 채(采)를 빌려와 표현했다.

241 **기울 측**

zè

태양이 서쪽으로 넘어가 사람의 그림자를 길게 비추는 모습이다. 그래서 태양이 서쪽으로 질 때의 시간대를 말한다. 옛날에는 해가 지고 나면 다른 일은 할 수가 없었다.

242 **어두울 혼**

昏
hūn

태양이 사람들의 발 아래로 떨어진 모습이며, 황혼의 시간대를 지칭하는 또 다른 표현이다. 이 시간대가 되면 사람들은 쉴 준비를 하며 더 이상 다른 일을 하지 않는다.

243 **없을 막**

暮 莫
mò

태양이 숲속으로 들어간 모습이다. 이때가 되면 태양이 완전히 서쪽으로 기울어 빛이 크게 감소하여 하늘에 희미한 빛만 남아 있을 뿐이다. 이 시간대를 갑골문에서는 소채(小采)라고 했고, 또 모(莫)라고도 했다.

244 **낮 주**

晝
zhòu

한 손으로 붓을 잡은 모습과 태양을 그렸는데, 햇빛이 충분하여 글씨를 쓸 수 있는 대낮이라는 의미를 담았다.

245   **저녁 석**

xī

이지러져 남은 달의 모양인데, 달빛이 비치는 시간대임을 분명히 나타내고 있다.

246   **일찍 숙**

sù

두 손을 앞으로 뻗고 땅에 무릎을 꿇은 모습인데, 달에게 공경을 표하는 몸짓이다. 고대에는 달을 공경하게 보내고 태양을 맞이하는 관리를 배치했을 것이다.

의복/의복문명의 발달

247 **옷 의**

yī

옷깃이 달린 옷의 상반신의 모습이다. 옷깃이 달린 옷은 동물의 털이 아닌 천으로 꿰매어졌는데, 이는 방직 산업이 일어난 이후의 복장 스타일로, 농업사회가 옷감을 봉제해서 만드는 의복 시대로 진입했음을 반영하였다.

金 甲

248 **처음 초**

chū

칼 하나와 옷 하나로 구성되었다. 칼로 옷감을 절단하는 것이 옷을 봉제하는 첫 단계이다. 그래서 '시작'을 의미한다.

金 甲

249 **갓옷 구**

qiú

모피의 털이 바깥으로 드러난 가죽옷의 모습이다. '의구(衣裘)'라는 단어는 모든 옷을 지칭하는데 쓰이는데, 의(衣)는 섬유로 만든 옷을, 구(裘)는 모피로 만든 가죽옷을 말한다.

金 甲

250 **쇠할 쇠**

shuāi

헐렁하고 해진, 표면이 고르지 않은 상복을 말한다. 죽은 친척들에게 애도를 표하기 위해 고대 사람들은 아름답지 않은 옷을 입었고, 장례를 치르는 동안 입는 옷에 가장자리를 꿰매지 않은 것은 아름다운 것을 추구하지 않는다는 뜻을 담았다. 그래서 '쇠약하다'는 뜻이 파생되었다.

251 **겉 표**

biǎo

모피 옷은 아름다움과 힘을 나타낼 수 있다. 하지만 사람들은 쉽게 얼룩이 지는 것을 두려워하여 겉옷을 덧대었지만, 한쪽 모서리로 털이 나오게 하여 모피 옷을 과시하는 것도 잊지 않았다. 이 때문에 표(表)는 모피 옷에 덧대는 겉옷을 의미하여, '표면(表面)', '표창(表彰)하다' 등의 의미로 확장되었다.

252 옷 길 원

袁

yuán

아기가 입는 긴 옷을 말한다. 장기간의 농업사회 생활을 거치면서 상나라 사람들은 대체로 헐렁하고 긴 스타일의 옷을 입었다.

253 후손 예

裔

yì

치맛자락이 있는 긴 옷을 말한다. 치마의 가장자리가 웃옷과 멀어서, '후예'나 '먼 자손' 등의 뜻으로 가차되었다.

254 바느질할 치

黹

zhǐ

화려하게 수를 놓은 도안을 말한다. 천과 비단으로 꿰매진 옷은 옷깃의 가장자리가 해지는 것을 방지하기 위해 '교차되는 옷깃'의 형태로 꿰맸다. 아름답게 하기 위해서 귀족 계급들은 이 천 조각에다 자수를 놓았는데 이를 '치둔(黹屯)'이라 했다.

엄숙할 숙

sù

한 사람이 붓을 들고 대칭적인 도안을 그리고 있는데, 자수를 뜻하는 수(繡)의 원래 글자이다. 수를 놓을 때에는 실수를 하지 않도록 세심한 주의를 기울여야 한다. 그래서 '정숙(正肅)'이나 '엄숙(嚴肅)' 등의 뜻이 나왔다.

256 **그림 화**

huà

한 손에 붓을 들고 교차되는 십자선 모양을 그리는 모습이다. 밑그림은 자수의 첫 번째 단계로, 의류의 가장자리를 따라 새긴 '치둔(黹屯)'의 도안을 그렸을 것이다.

257 **물들일 염**

染

rǎn

수(水), 목(木), 구(九)의 3가지 성분으로 구성되어 있는데, 식물[木]의 즙[水]을 여러 번[九] 침투시켜 담그는 염색 작업을 의미한다.

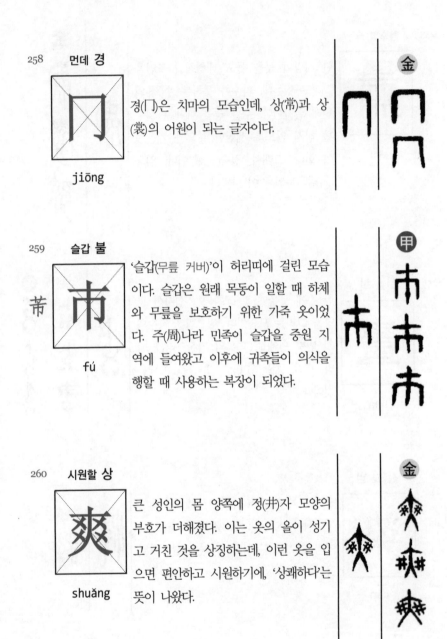

258　먼데 경

冂

jiōng

경(冂)은 치마의 모습인데, 상(常)과 상(裳)의 어원이 되는 글자이다.

金

259　슬갑 불

韍　市

fú

'슬갑(무릎 커버)'이 허리띠에 걸린 모습이다. 슬갑은 원래 목동이 일할 때 하체와 무릎을 보호하기 위한 가죽 옷이었다. 주(周)나라 민족이 슬갑을 중원 지역에 들여왔고 이후에 귀족들이 의식을 행할 때 사용하는 복장이 되었다.

甲

260　시원할 상

爽

shuǎng

큰 성인의 몸 양쪽에 정(井)자 모양의 부호가 더해졌다. 이는 옷의 올이 성기고 거친 것을 상징하는데, 이런 옷을 입으면 편안하고 시원하기에, '상쾌하다'는 뜻이 나왔다.

金

의복／의복제도와 장신구

261 **누를 황**

huáng

허리띠에 다는 옥패의 형상으로, 중앙의 원은 이 장식물의 주체가 되는 옥고리이며, 상단은 허리띠에 가까운 옥으로 만든 장식용 노리개이며, 하단은 형아(衡牙) 및 옥으로 만든 장식용 노리개이다. 황(黃)의 본래 뜻은 '옥으로 장식한 노리개'이며, 이후 '노란색'으로 가차되었다.

262 **띠 대**

dài

윗부분은 허리띠로 조여진 옷의 허리 주름, 아랫부분은 연속된 옥 장식물이 달린 옷단이다. 허리띠는 옷을 조일 수 있을 뿐만 아니라 도구와 장식물을 다는데도 사용할 수 있었다. 이후 '휴대(携帶)하다'는 뜻으로 확장되었다.

263 찰 패

pèi

왼쪽은 서 있는 사람의 모습이고 오른쪽은 넓은 허리띠 아래로 '목욕 수건'이나 '옥패'가 늘어뜨려진 모습이다.

金

264 갓난아이 영

yīng

목 주위로 조개껍질로 만든 장식이 고르게 매달려 있다. 목걸이 장식은 목을 에워싸고서 매달려 있기 때문에 '에워싸다'는 의미로 확장되었다.

金

265 쓰개 모

帽 冒

mào

어린 아이의 모자를 뜻하며, 가장 위쪽에 장식물이 달려 있고, 가운데는 모자의 몸통이고, 가장 아래쪽은 귀를 보호하기 위한 귀마개이다. 후에 모(冒: 무릅쓰다)로 변화하였고, '모험(冒險)'이나 '모실(冒失: 경솔하다)' 등의 뜻이 나왔다. 그렇게 되자 건(巾)을 더한 '모(帽: 모자)'를 만들어 구분했다.

金 甲

266　신 리

lǚ

한 성인의 발에 배처럼 보이는 신발이 신겨진 모습이다. 신발의 형상을 단순히 그리게 되면 '주(舟: 배)'와 혼동하기 쉽다. 그래서 귀족이 신발을 신는 모습을 더해야만 했다.

267　앞 전

qián

268　씻을 전

jiān

한 쪽 발을 손잡이가 달린 쟁반에 넣고 씻는 모습이다. 발을 씻는다는 본래의 의미 외에도, '먼저', '~이전에'라는 뜻이 있는데, 아마도 사당에 들어가기 전에 발을 씻던 습관에서 비롯되었을 것이다.

金

甲

金

제4부

일상생활❷
거주와 이동

거주 / 거주환경

269 **언덕 구**

qiū

갑골문을 보면, 왼쪽과 오른쪽의 양쪽에 높은 언덕이 그려졌고 가운데는 물이 흐르는 골짜기의 모습이다. 금문에서는 필세가 바뀌어 왼쪽과 오른쪽의 세로로 선 획을 비스듬한 짧은 획으로 바꾼 다음 짧은 가로획이 더해졌다. 이는 한자 자형에서 일상적인 변화이다.

270 **샘 천**

quán

갑골문을 보면, 물이 발원지에서 분출되는 모습을 그렸다. 사람들이 강에서 멀리 떨어져 있지만 지형이 낮은 움푹 파인 곳에서 샘을 파면 물이 분출되어 생활에 필요한 용수를 확보할 수 있다는 것을 발견했음을 표현했다.

271 **근원 원**

yuán

금문의 자형에서 '천(泉: 샘)'자보다 획이 하나 더 많게 표현되었는데, 이는 샘물이 발원지에서 흘러나오기 시작함을 나타낸다. 샘물이 솟아나는 지점이 바로 흐르는 물의 발원지가 된다.

272 **우물 정**

jǐng

갑골문에서는 네 줄의 나무를 쌓아 만든 사각형의 난간을 가진 우물의 모양인데, 고대에 우물을 만들던 방법을 보여준다. 먼저 나무를 흙속으로 넣고 네 줄의 나무 말뚝을 박은 다음 중간 부분의 흙을 파내고 다시 나무에 프레임을 씌운다. 금문에서는 사각형의 난간 속에 둥근 점이 하나 더해진 모습인데, 우물의 입구라는 이미지를 더욱 선명하게 드러냈다.

273 **나무 깎을 록**

lù

우물에 도르래가 설치되어 있고 두레박에서는 작은 물방울이 튀어 나오는 모습이다. 도르래는 캡스턴(배에서 닻 등 무거운 것을 들어 올리는 밧줄을 감는 실린더)이 있는 기계적인 장치인데, 밧줄을 캡스턴에 통과시켜 두레박을 끌어 올려 물을 긷는다. 자형에서 볼 수 있듯, 두레박이 쉽게 기울어져 물이 잘 담도록 하기 위해 위아래가 좁고 중간의 몸통이 넓도록 그려졌다.

274 **고을 읍**

yì

갑골문은 두 부분으로 구성되었다. 절(卩)은 무릎을 꿇은 사람의 모습인데, 이는 집 안에서만 가능한 앉아 있는 모습이다. 국(囗)은 지역의 범위를 나타내는 데 사용된다. 그래서 이 둘이 합쳐진 읍(邑)은 특정 범위 내의 실내 생활을 의미한다.

275 **성곽 곽**

guō

갑골문의 중간이 사각형 또는 원형으로 된 범위 속에 네 개의 건물이 만들어진 모습이다. 이것은 사각형 또는 원형으로 된 성(城)을 표현했으며, 사면의 벽에 성루가 설치되어 주변의 움직임을 관찰하고 감지할 수 있게 했다.

276 예 석

xī

재(災)와 일(日)의 조합으로 이루어졌다. 재(災)는 많은 물결이 겹쳐져 넘쳐흐르는 모습인데, 강이 범람하여 재앙을 이룬 것을 표현했다. 이로써 '재앙'을 나타냈다. 석(昔)에는 '지나간 과거'라는 뜻이 있는데, 옛날에 이러한 재앙이 발생했음을 말한다.

277 늘어놓을 진

chén

278 벌리다 진

chén

부(阜)와 동(東)과 복(攴)의 세 부분으로 구성되었다. 한 손에 몽둥이를 잡고 비탈길의 포대기를 치고 있는 모습이다. 이것은 수재를 방지하기 위해 강둑을 쌓는 건축 공사를 상징한다(모래주머니를 두드려 속이 단단하게 차도록 했다).

279 **들 야**

yě

숲을 뜻하는 림(林) 속에 사(土)가 있는 모습이다. 사(土)는 갑골문에서 수컷의 상징이다. 야(野)의 창제의미는 야외의 숲 속에 세워놓은 남성의 성기 숭배물일 것으로 추정되며, 이후 소리부인 여(予)가 더해졌다.

篆 甲

거주 / 거주형식

280 **향할 향**

xiàng

입구가 단 하나 뿐인 뾰족한 지붕을 가진 집을 그렸다. 단순하게 지어진 반지하식 동굴 집의 경우, 입구가 하나만 있고 다른 통풍구는 없다. 집의 정면과 집의 방향을 표현했다. 그래서 향(向)에는 '어떤 방향을 향하다'는 뜻이 있게 되었다.

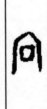

281 **집 면**

mián

벽과 지붕이 있는 집의 모습이다. 나중에 '집'을 상징하는 의미부로 많이 사용되었다.

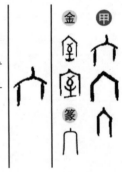

282　집 궁

gōng

갑골문에 두 종류의 자형이 존재한다. 몇 가지 가옥이 다른 형식의 칸막이가 있음을 나타내었고, 집을 상징하는 부호가 더해졌다. 가옥은 최초에 한두 사람을 수용하여 비바람을 막고 잠시 쉬는 곳이었다. 이후에 가옥의 면적이 커지면서 경사진 처마지붕이 있게 되었고, 더 이상 비로 인한 걱정을 할 필요가 없게 되었다.

金　甲

283　누릴 향

xiǎng

경사진 처마가 있는 건물이 지면 위의 기단 위에 세워진 모습이다. 이렇게 기단을 쌓는 방식으로 신을 모시는 제단 건물이 만들어진다.

金　甲

284　높을 고

gāo

향(享)에서 분화한 글자로, 기단 위로 우뚝 솟은 건물을 그렸다. 이러한 건물의 높이는 평범한 집보다 높다. 건물 아래에 그려진 구(口)는 변천 과정에서 생겨난 의미 없는 빈칸일 수도 있다.

金　甲

285   서울 경

jīng

높이 돌출된 땅 위의 세 줄짜리 나무 말뚝 위에 세워진 경사진 처마를 가진 건물을 그렸다. 줄지은 나무 말뚝 위에 세워진 집은 땅이나 기단 위에 지은 건물보다 높은데, 정치적·종교적 중심지라야 높이 솟은 건축물이 세워질 수 있었으므로, '경성(京城: 서울)'이라는 뜻이 나왔다.

286   돈대 대

tái

향(享)자 하나가 또 다른 향(享)자 위에 중첩된 모양이다. 대(臺)는 여러 층으로 된 계단 위에 세어진 건물의 모습이다. 아래쪽의 지(至)는 층계의 모습이거나 건물 앞에 세워진 표시물일 수 있다.

287   다락 루

lóu

향(享)자가 경(京) 위에 중첩된 모습이다. 자형에 근거해 볼 때, 경(京)자는 고상 건물로, 아래쪽 바닥에 기둥만 있고 나머지는 비워놓은 상태이며, 향(享)은 견실한 기단 위에 세워진 건물을 말한다. 이를 종합하면 이 글자는 2층으로 된 건물을 표현했는데, 바로 루(樓)자를 말한다.

288 **언덕 부**

fù

갑골문에서는 사다리를 그렸다. 이 사다리는 2층으로 올라가는 데 필요한 필수 장치이다. 상나라에서 2층 건물은 귀족들이 신에게 제사를 드리는 장소였기 때문에 하늘로 올라갈 수 있는 마법의 도구로 여겨졌다. 사다리의 형상은 수평과 사선이 교차된 모습인데, 줄여서 쓸 때에는 세 개의 사선만으로 위로 향하게 그렸다. 주나라에 들어서는 이 세 개의 위로 향한 사선이 산(山)(⻖)자와 혼용되어 사용되었기 때문에 부(阜)가 원래 '사다리'였다는 사실을 잘 몰라보게 되었다.

289 **오를 척**

zhì

위층으로 올라가는 모습을 그렸는데, 두 발이 앞뒤로 놓여 사다리를 타고 계단을 올라가는 모습이다. 거주하는 집이 상하층 구조로 되었기에 위·아래층을 오르내릴 필요가 있었다.

290

내릴 **강**

항복할 **항**

jiàng/
xiáng

아래층으로 내려가는 모습을 그렸는데,
두 발이 앞뒤로 놓여 사다리를 타고 계
단을 내려가는 모습이다.

291

큰 언덕 **릉**

líng

갑골문의 자형을 보면, 한쪽 발을 들어
올리며 사다리를 기어오르는 모습이다.
그래서 '~을 넘다', '능가하다'는 뜻이
생겼다. 금문에서는 사람의 머리에 세
개의 획을 추가하여 물품을 위층으로
옮길 때 물건을 머리에 이어야만 계단
을 오르내리는 것이 편리함을 표현했다.

거주 / 초기 가옥

292 **각각 각**

gè

발 하나가 반 지하식의 움집으로 들어가는 모양이며, 이로부터 '오다', '내려가다' 등의 뜻이 나왔다. 상나라 때에는 대다수의 사람들이 반 지하식의 움집에 살았다.

293 **날 출**

chū

발 하나가 움집 밖으로 걸어 나가는 모습을 그렸는데, 이로부터 '집을 나서다', '밖으로 나가다'의 뜻이 나왔다.

294   안 내

nèi

움집의 모습을 그렸다. 초기에는 반 지하식의 움집에 살았는데, 열고 닫을 수 있는 출입문은 없고 들고 날 수 있는 출입구가 하나 있을 뿐이었다. 글자에 든 입(入)은 그런 출입구에 단 커튼[簾]일 것이다.

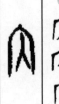

295   밖 외

wài

'점치다'는 의미의 복(卜)의 자형과 완전히 같다. 복(卜)은 점을 칠 때 뼈의 표면에 금이 갈 수 있도록 하기 위해 불로 지져 나타난 갈라진 금의 모습을 말한다.

296   물러날 퇴

tuì

내(內)와 지(止)의 결합으로 이루어졌다. 한 발이 집 안에 있는 모습이다. 고대 사람들은 아침 일찍 일을 하러 갔다가 일을 끝내면 집으로 돌아와 쉬었는데, 이로부터 '되돌아오다', '퇴각(退却: 물러나다)' 등의 뜻이 나왔다.

297 살 처

處

chù

자형이 '퇴(退)'와 비슷하지만, 문의 커튼이 열리지 않은 것으로 보아 집 안에 있는 사람들이 아직 나가지 않았음을 나타낸다. 이로부터 '편안하게 거처하다'는 뜻이 나왔다.

298 지게 호

戶

hù

완전히 지상에 지은 집에는 지게문(戶)이 달렸다. 호(戶)자는 나무 기둥 하나에 설치된 외짝 나무판을 말한다. 나무판의 면적이 컸기 때문에 여러 조각의 나무 보드를 붙여서 만들었다. 자형에서는 두 개의 나무판으로 다수의 나무판을 상징하였다.

299 문 문

門

mén

갑골문의 자형은 두 개의 나무 기둥에 각각 여러 개의 나무판을 합쳐 만든 '문이나 지게문'의 모습이다. 상나라에서 호(戶)는 개별 주택의 출입구였으며, 문(門)은 여러 사람이 함께 모여 사는 정착지에서 공동으로 사용하는 출입문이었다.

300 빛날 경

jiǒng

둥근 창의 모습이다. 다른 둥근 것들과 구별하기 위해 세 개 또는 네 개의 짧은 선이 원에 추가되었다.

301 밝을 명

míng

'창'과 '달'의 조합으로 이루어져, 달빛이 창문을 비추어 실내를 밝게 비추는 것을 의미한다. 창문을 그렸던 부분이 줄어서 대부분 해를 뜻하는 일(日)로 변했다.

302 잠잘 침

qǐn

방안에 빗자루가 하나 그려진 모습인데, 침실은 특별한 청소가 필요하기 때문에 빗자루가 놓인 그곳이 침실(寢室)임을 표현했다.

303 **찰 한**

hán

한 사람이 네 개(많음을 표시)의 풀 속에 든 모습이다. 사람들은 처음에는 땅에서 잠을 자다가 이후에 마른 풀을 깔고 잤다. 이것이 추위를 충분히 막아줄 수 없었기에 '차갑다'는 의미를 갖게 되었을 것이다.

304 **묵을 숙**

sù

한 사람이 짚으로 짠 돗자리에 누워 있거나, 집 안의 돗자리에서 누워 자는 모습이다. 그 당시에 이미 마른 풀을 깔고 자는 것에서 짚으로 짠 돗자리에서 자는 것으로 개선되었다. 이는 밤에 자는 오랜 잠을 표현했으므로, '숙박(宿泊)'이나 '하룻밤'이 지난 시간을 지칭하는데 쓰였다.

305 **병들어 기댈 녁**

nè

짚으로 만든 돗자리는 습기를 근원적으로 차단할 수 없었기에, 점차 침대에서 잠을 자는 방식으로 개선되었다. 이 자형을 가로로 눕혀 보면, 한 사람이 다리가 달린 침대 위에 누워있는 모습이다. 상나라 때에는 돗자리 위에 자는 것이 일상적이었기 때문에 침대 위에 놓인 사람은 병이 났음을 상징했다.

306 병 질

jí

한 사람이 화살에 맞아 부상을 당해 쓰러진 모습을 그렸다. 내상으로 인해 침대에 누워있는 녁(疒)자와는 달리, 질(疾)은 외상을 입은 환자를 지칭했다. 또 다른 해석은 병이 나는 것을 모두가 싫어했기 때문에 질(疾)에 '혐오하다'는 뜻이 생겼다고도 한다.

307 꿈 몽

mèng

눈썹이 크게 그려진 귀족이 침대에서 자는 모습인데, 눈을 크게 뜨고 마치 무언가를 보는 것처럼 그려졌다. 고대의 귀족들은 중요한 결정을 내리기 전에 강제로 약을 먹고 잠을 자 꿈에서 문제의 해결방안을 얻고자 하는 습속이 있었다. 의외로 사망할 가능성도 있었고, 또 그의 신분이 존귀하고 높았던지라 특별히 침대 위에 누워 꿈을 꾸도록 했다.

308 집 실

shì

갑골문 자형을 보면, 집 안[宀]에 지(至)자가 든 모습이다. 집 안의 다용도 공간을 의미하며, 면(宀)이 의미부이고 지(至)가 소리부인 형성구조이다. 금문에서는 집안에 지(至)가 두 개 든 모습의 복잡한 자형이 등장하기도 한다.

관청 청

ting

집 안에 '청(聽: 듣다)'자가 든 모습이다. 이는 집 안에서 중요한 일을 처리할 수 있는 넓은 공간을 의미한다. 면(宀)이 의미부이고 청(聽)이 소리부인 형성구조이다.

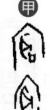

310

조정 정

tíng

정(廷)은 신하들이 왕에게 경의를 표할 때 서는 곳으로, 대청마루에서 아래위로 오르내리는 계단을 대각선 그림으로 표시했다.

311

갈 거

qù

한 사람이 두 발을 비틀어 구덩이에 쪼그리고 앉은 모습을 그렸다. 사람이 구덩이에 웅크리고 앉아서 배변을 보는 모습이며, 이로부터 '버리다'는 뜻이 나왔다고 추측하는 것이 합리적일 것이다.

① 동물 ② 전쟁 형벌 제도 ③ 일상생활①

❹ 일상생활②

⑤ 기물제작 ⑥ 삶과 신앙

312　할미새 옹

雝

yōng

가장 복잡한 자형인 경우, '궁(宮: 집)', '수(水: 물)', '조(鳥: 새)'의 세 가지 요소로 구성되었다. 물이 흐르고 새가 지저귀는 대형 궁전 안뜰로, 매우 고급스런 건물을 말한다.

313　얼굴 용

容

róng

금문으로 볼 때, 면(宀)이 의미부이고 공(公)이 소리부인 형성 구조이다. 이후 소전에서 면(宀)과 곡(谷)으로 구성된 회의 구조로 바뀌었다. 곡(谷)은 물이 흘러나오다 장애물을 만나 갈라지는 모습을 그렸다. 용(容)은 '수용(受容)하다', '포용(包容)하다'는 뜻으로 쓰이는데, 산과 돌과 샘물을 다 수용할 수 있는 화원만큼 거처하는 곳의 면적이 크다는 뜻을 반영하였다.

314　동산 유

囿

yòu

어떤 특정 지역을 초목을 심는 원예지로 구분해 놓은 모습이다. 이곳은 귀족들이 사냥이나 잔치를 행할 때 전체를 에워싸 다른 사람들이 제멋대로 출입하지 못하도록 한 곳이라는 의미를 담았다.

거주 / 기물과 설비

❶ 동물

❷ 전쟁 형벌 제도

❸ 일상생활 ①

❹ 일상생활 ②

❺ 기물제작

❻ 삶과 신앙

315 **기와 와**

wǎ

篆

불에 구운 도기를 일반적으로 부르는 명칭이다. 소전에서는 두 개의 기와가 서로 겹쳐져 서로를 물고 있는 모양인데, 아마도 기와가 용마루나 지붕에 놓인 모습을 그렸을 것이다.

316 **베풀 선**

xuān

金 甲

소용돌이치는 모양의 도안인데, 나중에 집을 나타내는 면(宀)이 더해져서, 집을 장식하는 기하학적 도안을 나타냈다.

317 **베개 침**

zhěn

篆

목(木)과 임(冘)으로 구성되었는데, 목(木)은 베개를 만드는 재료를 뜻하고 임(冘)은 소리부이다. 한 사람이 베개를 베고 누워있는 모습이다.

318 가운데 앙

yāng

정면으로 대자로 누운 사람의 모습인데, 목에 베개를 베고 있다. 임(尤)과 대조해 볼 때, 임(尤)이 옆으로 누운 모습이라면 앙(央)은 정면으로 누워있는 모습이다.

319 쌓을 저

zhù

320 쌓을 저

zhù

저(貯)는 거래에 사용되던 조개껍질로 만든 화폐가 저(宁) 모양으로 된 상자 속에 보관된 모습이다. 저(宁)는 어떤 물건을 보관하기 위한 궤짝이라 생각되며, 그래서 자형에서 그린 모습은 궤짝의 측면 모습이다. 사람들이 옷을 입기 시작하면서 옷을 보관할 수 있는 궤짝도 필요했다.

321 **찾을 심**

xún

손을 좌우로 펼쳐, 집에 없어서는 안 될 돗자리 같은 것의 길이를 재는 모습이다. 두 팔 사이의 길이가 심(尋)인데, 2 미터보다는 약간 짧다.

322 **대 기**

jī

篆 金

갑골문에서 기(其, ⋈)는 원래 '키'를 그린 것이었다. 금문에 들면서 ⋈나 ⋈와 같이 써 더 복잡해지기도 했고, 또 ⋀와 같이 써 간단해지기도 했다. 간단한 자형에 근거해 사람들은 낮은 안석(案席)이라고 풀이했다.

323 **안석 궤**

jī

金

篆

식사를 위한 낮은 탁자로, 나중에는 좌석을 나타내는 낮은 탁자로도 사용되었다. 춘추시대 후기에 들어서는 동이족들이 야외에서 걸상처럼 된 간단한 접의 자에 앉아 있는 모습이지만, 기(丌)의 자형에 더 가까워 보인다. 이후 형체도 독음도 서로 비슷해서 혼용하게 되었다.

324 늙은이 수

찾을 수

搜

叟

sōu   sǒu

사람이 손에 횃불을 들고 집에서 무언가를 찾는 모습을 그렸다. 실내에서 횃불로 조명을 삼으면 화재가 잘 발생할 수 있다. 횃불은 무언가를 찾기 위해 잠시 사용해야만 했다.

325 빛 광

光

guāng

무릎을 꿇은 사람이 머리에 불꽃(등잔 받침대)을 인 채 불을 밝히는 모습이다. 상나라 때에 이미 기물에 기름을 담아 불을 켰음을 알 수 있다.

326 그윽할 유

幽

yōu

화(火)와 두 가닥의 실로 구성되어, 심지를 태워 '불을 밝히다'는 의미를 표현했는데, 불빛이 희미하다는 의미를 나타낸다.

327 **연기 낄 훈**

xūn

양쪽 끝을 실로 묶은 주머니로, 주머니 속에 여러 가지 물건이 든 모습이다. 이는 향을 넣은 주머니 즉 향낭(香囊)인데, 향기로운 꽃잎을 말려 넣어 옷에 향기가 스며들게 하는데 쓰였으며, 또 가지고 다니면서 어디에서나 향기를 풍길 수 있게 했다.

金

❶ 동물
❷ 전쟁 형벌 제도
❸ 일상생활①
❹ 일상생활②
❺ 기물제작
❻ 삶과 신앙

이동 / 교통수단 발명 이전

328 **걸음 보**

bù

걸을 때 한 발은 앞에 다른 한 발은 뒤에 놓인 모습이다. 교통수단이 발명되기전, 목적지에 도달하기 위해서는 두 발로 걸어야만 했다.

329 **발 지**

zhǐ

발의 모양이다. 빨리 필사하기 위해 대부분 발가락이 세 개로 줄었는데, 옆으로 튀어 나온 발가락이 엄지발가락이다.

330 **발 소/필 필**

shū/pǐ

다리와 발의 발가락을 그렸다. 갑골복사에 '질지(疾止)'와 '질서(疾疋)'라는 표현이 있는데, '질지(疾止)'가 길을 걸을 때 발에 생기는 병에 초점이 맞추어져 있다면, '질서(疾疋)'는 두 발에 생긴 부상에 중점을 두었다.

331 **갈 지**

之

zhī

지면 위에 서 있는 사람의 발을 그려, 이 지점임을 나타냈다. 이후 '이것'이라는 지시대명사로 사용됐다.

332 **갈 행**

行

xíng

교차된 십자로를 그렸다. 금문에서는 쓰기의 속도를 높이기 위해 비스듬한 필획으로 변했다.

333 **길 도**

道

dào

행(行)과 수(首)와 우(又) 등 세 개의 성분으로 구성되었다. 손에 범죄자의 목을 들고 도로 위를 걸어가는 모습이다. 이곳이 선두 대열이 가서 메달 곳임을 표현하였기에, '선도하다', '이끌다'는 뜻을 갖게 되었다. 이후 형체가 줄어 착(辵)과 수(首)의 결합으로 변했다.

334　길 도

tú

여(余)와 지(止)의 조합으로 되었는데, 여(余)는 사신이 갖고 있는 물건으로, 자신의 신분을 나타낸다. 그래서 국외에서 온 사신이 걷는 도로라는 뜻에서 '큰 길'이라는 뜻이 나왔는데, 자신의 신분을 숨길 수 있는 작은 길이 아니라는 뜻이다.

335　달릴 주

zǒu

한 사람이 빠른 속도로 길을 걸으면서 두 손이 아래위로 움직이는 모습이다.

336 **달릴 분**

奔

bēn

흔들리는 양팔 아래에 세 개의 '지(止: 발자국)'가 더해진 모습인데, 매우 빠른 속도로 달리고 있어 마치 발이 여러 개인 것처럼 보인다는 의미를 그려냈다.

337 **늦을 지**

遲

chí

글자는 두 부분으로 구성되었는데, 도로와 서로 등을 진 두 사람이 하나는 위에 다른 한 사람은 아래에 놓인 모습이다. 아마도 다른 사람을 엎고 가거나 무거운 물건을 운반하는 상황을 나타내었을 것이다. 이 때문에 다른 사람보다 속도가 '늦다'는 뜻을 나타내게 되었고, 이로부터 '느리다'는 뜻이 나왔다.

338 **뒤 후**

後

hòu

밧줄 하나가 사람의 발에 묶여 있는 모습이다. 두 발이 묶여 있기 때문에 움직이기가 불편하며 정상적인 사람들보다 느리게 걸을 수밖에 없다. 그래서 '늦다'는 의미가 나왔다.

339 **저울대 형**

héng

한 사람이 머리에 무거운 바구니(또는 항아리)를 이고 있는 모습이다. 이 글자의 고문 형태를 보면 아랫부분이 '대(大: 사람)'이고 윗부분은 치(甾)의 줄인 모습이다. 머리로 무거운 물건을 이고 다니려면 '한쪽으로 기울지 않고 안정되어야' 하므로 '평형'이라는 뜻이 나왔다.

古 東

340 **별 이름 루**

lóu

여자가 양손으로 머리에 인 기물을 잡고 있는 모습이다. 고대사회에서 여성들은 종종 머리 위에 도자기 항아리를 이고 물을 운반하였는데, 항아리가 물로 채워지지 않으면 비어 있고 무게 중심이 불안정하다. 그래서 이런 개념으로 '비어있다'는 의미를 표현했다.

篆 金

341 **의심할 의**

yí

서 있는 노인이 입을 벌리고 머리는 옆으로 돌린 모습을 그렸다. 나중에 지팡이를 들고 있는 모양을 추가하여, 노인이 길을 잃고 어디로 가야할 지를 망설이다는 의미로부터 '주저하며 결정하지 못하다'는 뜻이 나왔다. 금문에서는 소리부인 우(牛)를 첨가했다.

金 甲

이동 / 수상교통

342 건널 섭

shè

한쪽 발은 앞에, 다른 한 발은 뒤에 놓여 물길을 가로 질러 '건너가는' 모습을 그렸다.

金 甲

---

343 물가 빈

頻

bīn

한 귀족이 큰 강(두 발이 모두 강가의 한쪽 편에 놓였다) 앞에서 어떻게 건너가야 할지를 고민하며 얼굴을 '찌푸린' 모습을 그렸다.

金

344 **배 주**

zhōu

배를 입체적으로 그린 모습이다. 여러 개의 나무판으로 짜서 연결하였고, 선창을 갖춘 '배'의 모습이다.

---

345 **나 짐**

zhèn

배 옆으로 배의 갈라진 판 사이의 틈을 메우기 위한 도구를 들고 있는 두 손이 그려진 모습이다. 나중에 일반적인 '틈새'로 의미가 확장되었고, 다시 1인칭 대명사로 사용되었다.

---

346 **무릇 범**

fán

베로 만든 '돛'을 말한다. 돛을 만드는 데 사용되는 일반적인 재료가 베였기에 나중에 의미부로 베를 뜻하는 건(巾)이 더해져 '범(帆: 돛)'이 되었다.

347 **지을 조**

造

zào

집에 배가 한 척 있는 모습이다. 이 글자의 창제의미는 조선소에서 나왔을 것이다. 배가 완성되면 물속으로 들어가 항해를 하게 된다. 이후 소리부인 고(告)자가 더해졌고, 다양한 자형으로 변하였다.

金

❶ 동물

❷ 전쟁 형벌 제도

❸ 일상생활①

❹ 일상생활②

❺ 기물제작

❻ 삶과 신앙

이동/육상교통

348　**일 흥**

xīng

네 개의 손이 앞뒤로 놓여 멜대나 들것을 들어 올리는 모습이다. 이 글자가 표현하고자 한 초점은 들어 올리는 것에 있기 때문에 '들어 올리다', '일어나다'는 모든 동작과 상황 등을 표현하는데 사용되었다.

349　**수레 여**

yú

네 개의 손이 앞뒤에서 어떤 중간 축 위에 원형으로 된 들것을 들어 올리는 모습을 그렸다. 원래는 들것 위에 놓인 '좌석'을 가리켰는데, 나중에 바퀴가 달린 수레의 '좌석'을 의미하는 것으로 의미가 확장되었다.

350 **줄 여**

yǔ

네 개의 손으로 밧줄을 양쪽 끝에서 엉키게 하거나, 젖은 천을 말아서 물기를 짜내는 모습을 그렸다. 이로부터 '함께 하다'는 의미가 나왔다. 이후 아래쪽에 공간을 메우기 위한 구(口)가 추가되었다.

篆 金 古

351 **수레 차/거**

chē/jū

수레를 그렸는데, 두 개의 바퀴, 한 대의 좌석, 한 개의 끌채, 한 개의 가름대, 끌채 위에 놓인 두 개의 멍에, 그리고 두 줄의 말고삐로 그려졌다. 이후에 덜 중요한 부분은 생략되었고, 마지막에는 바퀴의 모양 하나만 남았다.

篆 甲

352 **손수레 련**

niǎn

금문에서 두 사람이 두 손을 들어 바퀴가 달린 손수레를 밀고 가는 모습이다. 이러한 수레는 많은 사람들을 동원해야 밀고 갈 수 있었기에 함께 내는 구령이 장관이었다. 또한 이러한 수레는 왕들이 일상적으로 타던 탈것이었다. '반(扶: 함께 가다)'은 련(輦)자에서 분리해 나온 글자이다.

篆 金

① 동물 ② 전쟁 형벌 제도 ③ 일상생활① ❹ 일상생활② ⑤ 기물제작 ⑥ 삶과 신앙

353 **군사 군**

jūn

순(旬)이라는 공간 속에 수레[車]가 놓인 모습이다. '군대'라는 개념은 아마도 지휘관의 전차나 군수물자를 수송하는 우마차의 주위를 무장하여 보호해야한다는 뜻에서 왔을 것이다.

金

354 **잇닿을 련**

lián

도로와 수레가 결합한 구조로, 이는 훔쳐가는 것을 막기 위해 수레를 서로 연결해, 도로에 길게 연결된 모습을 하였을 것이다. 이후 서로 연결된 전차 부대라는 뜻에서 '연결'이라는 추상적인 의미가 나온 것으로 보인다.

篆

355 **도둑 구**

kòu

갑골문에서는 한 강도가 집에서 막대기를 잡고 물건을 마구 부수는 모습인데, 작은 점들은 파손된 물건의 조각들이다. 금문에서는 집에서 몽둥이로 사람을 때리는 형상으로 바뀌었다.

金　甲

오를 등

dēng

두 손으로 낮은 의자를 잡고 한 발짝씩 올라가는 모습이다. 이는 고대에 수레를 타는 동작인데, 이후 '높이 오르다'는 뜻으로 사용되었다.

---

357 **어거할 어**

馭 御

yù

어(御)에는 두 가지 자형이 있다. 하나는 무릎을 꿇고 있는 사람과 밧줄의 모습으로, 제사장이 소품을 사용하여 재앙을 떨쳐버리는 의식을 나타내었는데, '재앙을 떨쳐내다'라는 뜻이다. 다른 하나는 수직으로 된 작은 획과 그 앞에 무릎을 꿇고 있는 사람인데, 말이 끄는 마차에 앉는 자세를 의미할 것이며, 이로부터 '제어하다'는 뜻이 나온 것으로 추정된다. 이 두 가지 모양은 서로 유사하여 같은 글자로 오인되는 바람에 두 가지의 다른 의미를 갖게 되었다. '어(馭: 말을 부리다)'자는 말을 손으로 '제어하다'는 의미를 나타내었고, 이 때문에 어(御)와 한 글자가 되었다.

金 甲

金 甲

이동 / 도로와 여행

358 **법 률**

律

lǜ

359 **세울 건**

建

jiàn

률(律)은 '척(彳: 길)'과 '율(聿: 손으로 붓을 쥔 모습)'의 결합으로 이루어졌다. 도로 건설에는 신중한 계획과 세심한 건설이 필요하다는 의미에서 '규율(規律)'과 '법칙'이라는 뜻이 나왔다. 건(建)은 여기에 발이 하나 더 더해진 모습인데, 그려진 설계도가 사람이 다닐 수 있는 도로의 청사진임을 나타낸다.

360 **곧을 직**

直

zhí

눈 위에 직선이 더해진 모습이다. 목수는 종종 나무를 앞으로 들어 올려 한쪽 눈을 사용하여 그것이 기울어지지 않았는지를 확인한다. 이로부터 '곧다'는 추상적 의미를 만들어 냈다.

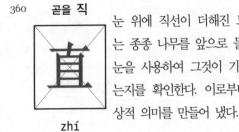

361 덕 덕

德

dé

다니는 길(彳 또는 行)에다 '직(直: 곧 다)'이 더해진 글자로, 길을 곧게 만들어 놓으면 말이나 마차가 빨리 다닐 수 있다는 의미를 담았다. 이러한 길을 만드는 것은 칭찬받아야 할 '재덕 (才德: 재주와 덕)'이었다. 이후 '심성과 덕행이 높은 것'을 지칭하게 되었는데, 이 때문에 심(心)이나 인(人) 혹은 언(言)이 더해졌다.

362 얻을 득

得

dé

한 손으로 길에서 조개를 집어 든 모습인데, '큰 소득'을 올렸음을 의미한다. 갑골문에서는 '길'이 생략된 모습으로 등장하기도 한다.

363 집 사

舍

shè

구덩이에 표지판 하나가 꽂힌 모습이다 (余는 여관임을 알리는 표지판이다). 상인들은 매일 집으로 돌아가 휴식을 취할 수가 없고, 외국에서 온 사절도 임시로 살 곳이 있어야 하므로, 여행자가 투숙할 수 있는 곳임을 나타내는 표지로 사용되었다.

364 **차례 서**

xù

한 손으로 '여(余)' 모양의 표지물을 들고 있는 모습이다. 이 표지가 자신이 자리한 서열의 위치를 나타내며, 보고해야 할 경우에는 이 표지물을 높이 들어야만 했다. 그래서 '서직(敘職)', '전서(詮敍)' 등의 뜻이 있게 되었다.

365 **빗장 관**

關

guān

관(卝)자는 관(關)자에서 분리해 낸 글자로 추정된다. 빗장을 채워 대문이 이미 잠겼음을 나타낸다.

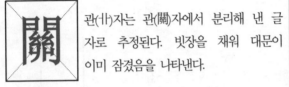

제**5**부

기물제작

도구의 발명

366 **성스러울 성**

聖

shèng

귀가 큰 사람의 모습인데, 이런 사람은 예민한 청각을 가지고 있어 신이 내리는 지시[口]를 잘 이해하고 사회에 도움을 줄 수 있는 지도자임을 나타냈다.

367 **들을 청**

聽

tīng

한쪽 귀 옆에 한두 개의 입이 있는 모습인데, 많은 사람들의 말을 들을 수 있음을 나타냈다.

368 **요임금 요**

堯

yáo

무릎을 꿇고 앉은 사람인데, 머리에 평평한 판이 있고 평평한 판 위에 여러 개의 흙덩이가 있는 모습이다. 천성적으로 대단한 힘을 갖고 태어난 사람임을 나타냈다.

369   어질 현

xián

간(臤)은 현(賢)의 원래 글자이다. 노예를 장악할 수 있는 재능이 있으면 대량의 인력을 조직하고 통제하여 어떤 일을 할 수 있다는 의미를 담았다.

370   재주 재

cái

삼각형의 송곳은 각도를 측정하는 도구인데, 이로써 이러한 도구를 사용할 수 있는 능력 있는 사람을 나타냈다.

371   심을 예

yì

무릎을 꿇고 어린 묘목을 심는 사람의 모습인데, 손에 묘목을 들었다. 나중에 식물의 상징인 초(艸)를 더했고, 또다시 독음부호인 운(云)을 더해 지금의 해서체 자형이 되었다.

372 불 사를
열/설

ruò

무릎을 꿇고 앉은 사람인데 손에 햇불을 든 모습이다. 손에 햇불을 들고 어둠을 비추는 것은 해가 지고 났을 때 흔히 발생하는 현상이며, 이로부터 저녁 시간을 나타내는데 사용되었다.

373 마를 제
制

zhì

칼을 사용하여 고르지 않은 가지를 잘라내 나무제품을 만드는 모습이다. 자형에 보이는 나뭇가지는 들쭉날쭉한 모습이고 그 옆에는 작은 점까지 있어 칼로 긁어낸 나뭇조각을 나타냈다.

374 칠 조
肇

zhào

무기는 날을 숫돌에 잘 갈아야만 예리하게 되고 적을 살상하는 무기로서의 기능을 하게 된다. 그리하여 조(肇)에 '시작하다'는 뜻이 생겼다.

① 동물　② 전쟁 형벌 제도　③ 일상생활①　④ 일상생활②　❺ 기물제조　⑥ 삶과 신앙

농업 생산

---

375 **농사 농**

農

nóng

| | 金 | 甲 |

나무가 많은 곳에서 조개껍질로 만든 도구를 사용하는 모습인데, 잡풀의 제거나 농작물의 수확과 같은 농경에 참여함을 말한다.

---

376 **밭 전**

田

tián

| | 金 | 甲 |

네모로 된 틀 속에 네 개의 직사각형으로 된 농지가 있는 모습인데, 대부분 '사냥(田獵)'이나 '농지' 등의 뜻으로 사용된다.

---

377 **지경 강**

畺

jiāng

| | 金 | 甲 |

두 개의 농지 가운데 간혹 짧은 획이 하나 그려졌는데, 이는 두 농경지의 소유자가 다르다는 것을 나타내기 위한 경계선이다. 강(畺)은 '강(疆: 지경)'자의 초기 형태이다.

---

378 **새벽 신**

chén

수확 도구로 사용되는 조개껍질을 양손으로 들고 있는 모습이다. 일을 하기 위해 농기구를 준비하는 것은 이른 아침부터 해야 할 일이기에 '아침'이라는 의미가 나왔다.

금(金) 갑(甲)

---

379 **김맬 호**

hāo

초(艸), 신(辰), 수(手), 산(山)의 네 글자로 구성되었는데, 조개껍질로 만든 도구를 한 손으로 잡고 언덕 위의 잡초를 제거하는 모습을 그렸다.

갑(甲)

---

380 **요 욕**

rù

조개껍질로 만든 농기구를 한 손으로 들고 잡초를 제거하는 모습을 그렸다. 욕(蓐)은 그렇게 잘라낸 잡초를 말하는데, 이후 잘라낸 풀로 짠 자리를 뜻하게 되었다.

갑(甲)

① 동물
② 전쟁 형벌 제도
③ 일상생활①
④ 일상생활②
⑤ 기물제작
⑥ 삶과 신앙

381 욕되게 할 욕

辱

rǔ

조개껍질로 만든 도구를 한 손에 든 모습이다. (그런 일을 하는 농민을 상징했는데) 일설에 의하면 관료들이 농민들을 멸시하기 위해 이 글자로써 '모욕하다'는 의미를 만들었다고 한다.

篆

382 불사를 분

焚

fén

불을 질러 산림을 태우는 모습이다. 이는 초기의 농경방식으로, 보통 '화전 경작'이라 부른다.

金 甲

383 적전 적

耤

jí

한 손으로 쟁기를 잡고 발을 들어 보습(쟁기머리)을 밟고 있는 모습이다. 이는 쟁기를 부리고 있는 모습인데 이후 소리부인 석(昔)이 더해졌다.

金 甲

384 **모 방**

方

fāng

쟁기(옛날 땅을 갈아엎는 도구)의 아래 부분을 그렸다. 약간 구부러진 막대기에 가로로 된 나무판(횡판)을 묶어놓은 모습인데, 이 횡판은 발로 밟는 발판으로, 막대기의 끝이 흙을 파고 들어가 땅을 갈아엎는데 사용된다.

385 **두루 방**

旁

páng

쟁기에 가로로 된 나무판(횡판)이 장착된 모습이다. 횡판의 기능은 뒤집힌 흙덩이를 분해하고 흙을 양쪽으로 밀어내 재배를 용이하게 해주는 데 있다. 그래서 '가까운 곳', '양쪽' 등의 뜻이 나왔다.

386 **도울 양**

襄

xiāng

양손으로 쟁기를 잡고 있는 모습인데, 앞쪽에는 소가 잡아당기고 먼지를 일으키며 밭을 가는 농경 현장의 풍경을 그렸다.

❶ 동물　❷ 전쟁 형벌 제도　❸ 일상생활 ①　❹ 일상생활 ②　**❺ 기물제작**　❻ 삶과 신앙

387 **밭두둑 주**

chóu

뒤틀린 모양의 흙덩이를 그렸는데, 보습의 볏에 의해 변형되었다. 이는 기름진 농지를 경작할 때만 발생하는 현상인데, 이미 땅을 고르고 곡식을 재배해 온 농경지임을 나타냈다.

388 **힘 합할 협**

xié

세 개의 쟁기[力](땅을 갈아엎는 간단한 도구)가 구(口)나 감(凵: 구덩이) 위에 놓인 모습이다. 땅을 갈아엎는 도구인 쟁기를 든 많은 사람들이 함께 협력하여 일하는 모습이다. 이로부터 '협력하다'는 뜻이 나왔다.

389 **머무를 류**

liú

밭 옆으로 빗물을 모으고 밭에 물을 대는 데 사용되는 곡선 모양(목제 보호 제방이 있는 도랑)이 그려진 모습이다. 이로부터 '쌓다(積留)', '정류(停留: 머물러 서다)', '남다' 등의 뜻이 생겼다.

390 **두루 주**

周

zhōu

들판에 농작물(네 개의 작은 점)이 있고, 주위가 울타리와 같은 시설로 둘러져진 모습이다. 이로부터 '주밀(周密: 빽빽하다)'이라는 뜻을 나타냈다.

391 **클 보**

甫

fǔ

392 **밭 포**

圃

pǔ

보(甫)는 포(圃)의 원래 자형인데, 사람들이 들판에 심은 씨앗이 싹을 틔워 땅 위로 자라난 모습이다.

❺ 기물제작

⑥ 삶과 신앙

393 **곳집 름**

向

lǐn

394 **곳집 름**

廩

lǐn

짚을 쌓아 놓은 '볏가리'를 말한다.

395 **아낄 색**

嗇

sè

자형을 보면 아랫부분에는 곡식 더미가 있고 위로는 보리 한 포기가 모습을 드러낸 모습이다. 쌓아 놓은 농작물의 형상으로 시골 정경을 표현한 것으로 본다. 곡식은 매우 귀중해 아껴야 할 대상이었으므로, '아끼다'는 뜻이 나왔다.

396 **인색할 비**

啚

bǐ/tú

여러 개의 소규모 농촌으로 구성된 대규모 단위를 그렸는데, 농촌의 호적정리 및 도면지도의 제작과 관련이 있는 글자다.

397 **그림 도**

tú

특정 범위[口] 내에서 농촌 지역[啚]의 위치를 나타내는 지도는 세금 징수에 편의를 제공한다. 이후 '지도(地圖)' 및 '도모(圖謀)' 등의 뜻으로 확장되었다.

篆 金

398 **곳집 창**

cāng

지붕이 있고, 열 수 있는 창문이 달린 건축물을 그렸다. 초기 주택[戶]에는 입구와 출구가 하나 밖에 없었으나 '창고[倉]'는 양쪽 문도 있고 외짝 문도 있는 특수한 건물이었다.

金 甲

399 **가을 추**

qiū

'추(秋)'자는 갑골문에서 두 가지 자형으로 등장한다. 하나는 두 개의 더듬이와 뒷면에 날개가 달린 곤충(메뚜기)을 그렸고, 다른 하나는 여기에다 화(火, 불)를 더하여 불에 태우는 모습이다. 봄과 가을은 농작물에 해를 주는 해충을 박멸해야 하는데, 메뚜기를 태워 죽이는 모습으로써 '가을'을 표현했다.

金 甲

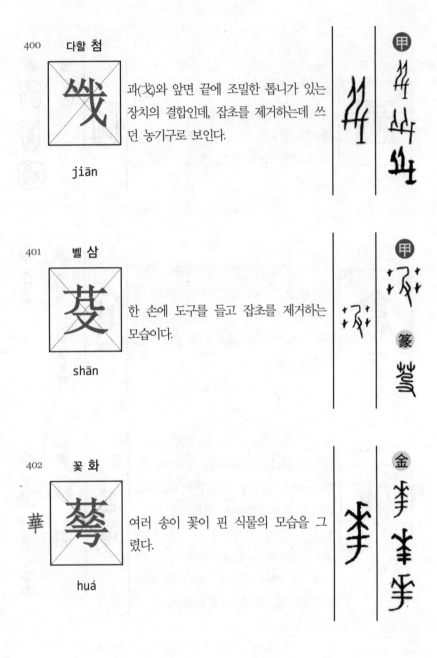

400 **다할 첨**

씫

jiān

과(戈)와 앞면 끝에 조밀한 톱니가 있는 장치의 결합인데, 잡초를 제거하는데 쓰던 농기구로 보인다.

401 **벨 삼**

芟

shān

한 손에 도구를 들고 잡초를 제거하는 모습이다.

402 **꽃 화**

華 蕚

huá

여러 송이 꽃이 핀 식물의 모습을 그렸다.

403 **나뭇잎 엽**

葉

yè

나무의 가지에 잎이 많이 달린 모습이다.

404 **밑 본**

本

běn

지사자이다. 나무의 하단에 작은 점이나 짧은 가로획을 사용하여 나무의 뿌리를 표시했는데, 이것이 본(本)자이다.

이에 반해 나무의 상단에 작은 점이나 짧은 가로획을 사용하여 나무의 끝을 표시했는데, 이것이 말(末)자이다.

405 **끝 말**

末

mò

406 붉을 주

zhū

목(木)자의 가운데에 나무의 중앙을 나타내는 작은 점이 그려졌다. 주(朱)의 본래 뜻은 '주(株: 나무)'인데, 이후 '붉은색'이라는 뜻으로 차용되었다.

金 甲

407 시초 단

duān

막 자라난 묘목에 수염 뿌리털까지 달린 모습이다. 뿌리털 옆에 있는 작은 점은 뿌리털에 붙어있는 흙 찌꺼기로, 식물이 (땅 속에 있지 않고) 뽑혔음을 나타내 준다.

金 甲

408 부추 구

jiǔ

키를 나란히 하여 자라는 부추를 그렸다.

篆

409 **파 총**

蔥

cōng

파의 확대된 뿌리 부분을 그렸다. 서주 왕조의 청동기 명문에서는 '똑똑하다'는 의미로 쓰였다.

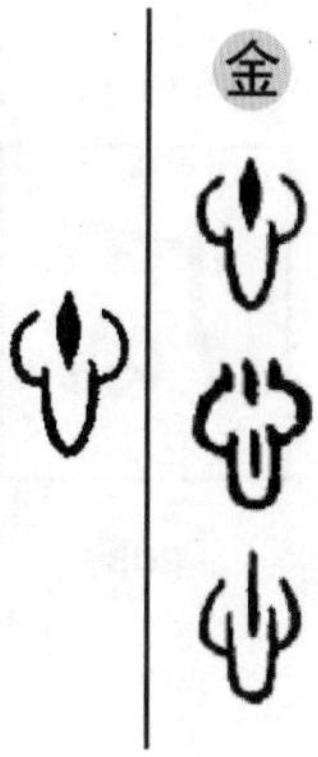

410 **실과 과**

果

guǒ

나무에 둥근 모양의 과일이 열린 모습인데, 점과 획은 이 과일에 단맛이 들어 먹을 수 있는 것임을 상징한다.

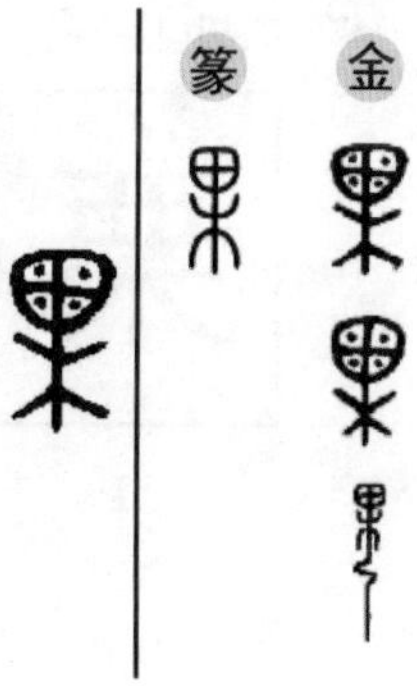

411 **드리울 수**

垂 𠂹

chuí

무거운 과실로 나무의 가지가 아래로 처진 모습이다.

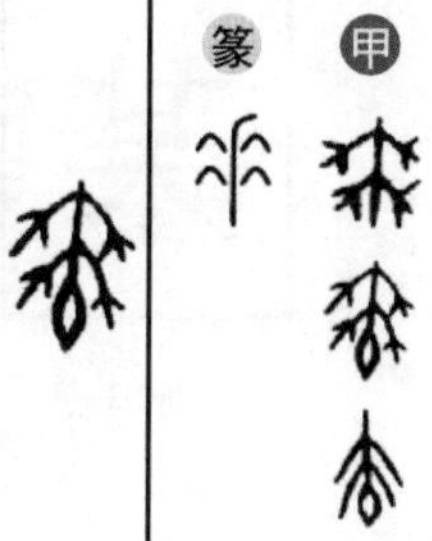

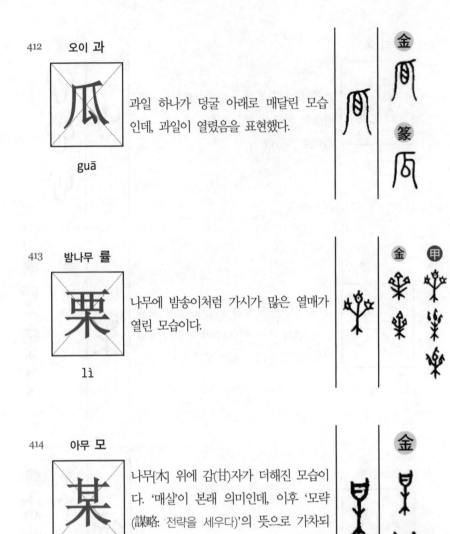

412 오이 과

瓜

guā

과일 하나가 덩굴 아래로 매달린 모습인데, 과일이 열렸음을 표현했다.

413 밤나무 률

栗

lì

나무에 밤송이처럼 가시가 많은 열매가 열린 모습이다.

414 아무 모

某

mǒu

나무[木] 위에 감(甘)자가 더해진 모습이다. '매실'이 본래 의미인데, 이후 '모략(謀略: 전략을 세우다)'의 뜻으로 가차되었다.

415 **벨 예**

yì

416 **벨 예**

刈

yì

과일 따는 도구를 양손으로 들고 과일을 하나 딴 모습이다. 이후 예(乂)에다 도(刀)를 더해 '예(刈)'자가 되었다.

417 **괴로울 곤**

困

kùn

어떤 자형은 작은 범위 내에 나무가 갇혀 있는 모습이고, 다른 자형은 발로 묘목을 밟은 모습으로, 모두 자랄 공간이 전혀 없는 모습을 상징했다. 이로부터 '어려움'과 '곤경'의 의미를 나타냈다.

418 **버들 류**

柳

liǔ

목(木)과 묘(卯)의 결합으로 이루어졌는데, 도랑 옆에 자라는 식물임을 말한다.

❶ 동물 ❷ 전쟁 형벌 제도 ❸ 일상생활 ① ❹ 일상생활 ② ❺ 기물제작 ❻ 삶과 신앙

기물 제조

5.3.1 석기

419 **돌 석**

shí

예리한 모서리를 가진 바위에 구덩이 하나가 더해진 모습이다. 이는 '돌'의 용도가 주로 구덩이를 파는 데 사용되었음을 표현했다.

金 甲

420 **경쇠 경**

qìng

손으로 악기를 치는 도구를 들고 선반에 매달린 '석경(石磬: 돌 경쇠)'을 쳐서 소리를 내는 모습이다.

甲

421 **옥 옥**

옥 조각을 끈으로 묶어 옥 장식물을 만드는 모습이다.

yù

---

422 **옥돌 박**

깊은 산에서 한 사람이 손에 채굴 도구를 든 모습인데, 옆에 옥과 바구니가 그려졌다. 옥 원석 덩어리를 캐내는 모습을 그린 것으로 추정된다.

pú

---

423 **쌍옥 각**

옥 조각이 두 줄로 나란히 배열되어 있는데, 옥 노리개의 숫자를 계산하기 위한 단위사로 쓰였다.

jué

424 **희롱할 롱**

nòng

동굴에서 손으로 옥 조각을 갖고 노는 모습이다. 품질이 좋은 귀한 옥 덩어리를 파내 스스로 기쁨을 이기지 못해 갖고 노는 모습을 표현했다.

金 甲

5.3.2 골각기(骨角器)

425 **뼈 골**

骨

gǔ

동물의 어깨뼈(견갑골)의 모습이다. 소의 어깨뼈는 상 왕조에서 점복으로 의문을 푸는데 가장 많이 사용되었는데, 고대인들은 뼈에 신령이 깃들어 있어 사람들의 어려움을 해결해 줄 수 있었다고 믿었기 때문이다.

426 **뿔 각**

角

jiǎo

각(角)은 뿔을 그렸는데, 소의 뿔이다. 이로써 '각질(角質)', '첨각(尖角: 뾰족한 각)' 등의 뜻이 있게 되었다.

427 **풀 해**

解

jiě

해(解)는 양손으로 소뿔을 당기는 모습이다. 뿔은 고대에 매우 유용한 재료라서, 소의 뿔을 해체하던 것은 당시의 일반적인 일이었다. 그래서 '분해(分解)하다', '해석(解釋)하다' 등의 의미로 확장되었다.

5.3.3 대나무

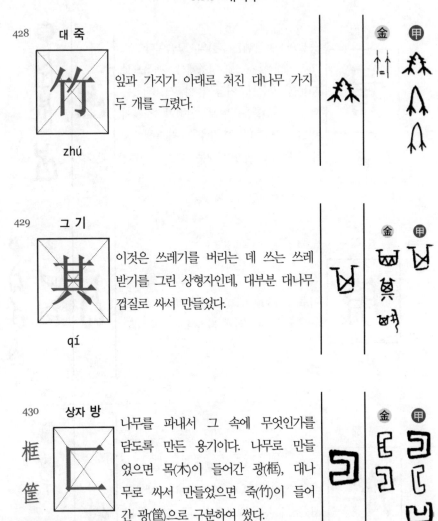

428 대 죽

竹

zhú

잎과 가지가 아래로 처진 대나무 가지 두 개를 그렸다.

429 그 기

其

qí

이것은 쓰레기를 버리는 데 쓰는 쓰레받기를 그린 상형자인데, 대부분 대나무 껍질로 싸서 만들었다.

430 상자 방

框
筐

匚

kuāng fāng

나무를 파내서 그 속에 무엇인가를 담도록 만든 용기이다. 나무로 만들었으면 목(木)이 들어간 광(框), 대나무로 싸서 만들었으면 죽(竹)이 들어간 광(筐)으로 구분하여 썼다.

431 **굽을 곡**

qū

직각(90도 각도)으로 구부러진 기물의 측면도이다. 이는 대나무를 짜서 만든 광주리 같은 기물인데, 이로써 '굽다'는 추상적 의미를 표현하게 되었다.

金

432 **꿩 치**

zī

대나무 껍질 또는 등나무로 짠 용기를 그렸다. 세 가닥의 줄이 나와 있는 모습은 짠 재료의 끝을 아직 깨끗하게 자르지 않은 모습을 반영했다.

甲

433 **서녘 서**

xī

치(甾)에서 자형이 변해온 글자다. 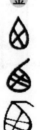에서 로 변했고, 다시 로 변했으며 마지막에는 로 변했다.

金

제5부 **기물제조** 195

① 동물 **②** 전쟁 형벌 제도 **③** 일상생활 ① **④** 일상생활 ② **⑤** 기물제작 **⑥** 삶과 신앙

434 서로 상

xiāng/
xiàng

한쪽 눈으로 나무의 모양을 검사하고 있는 모습이며, 이로부터 '점검하다', '가치를 판단하다' 등의 뜻이 생겼다.

435 장인 장

匠

jiàng

도끼[斤]가 공구 상자 속에 든 모습인데, 목공을 하는 장인을 상징한다.

436 꺾을 절

折

zhé

도끼로 나무를 수평 방향으로 두 조각으로 자른 모습이다. 잘린 두 개의 나무 조각은 점차 같은 방향의 두 개의 철(屮)로 변했다.

437 **가를 석**

xī

나무를 다른 두께의 판자로 가공하기 위해 손에 도끼를 들고 나무를 세로 방향으로 자르는 모습이다.

438 **조각 편**

piàn

나무를 좌우로 둘로 쪼갠 모습이다. 즉 도끼를 사용하여 나무줄기를 수직으로 잘라 판자를 만드는 모습이다.

439 **잠깐 사**

zhà

대팻날의 모습으로 보이는데, 아랫부분에서 위로 치켜 오른 부분은 손잡이를, 윗부분은 깎고 광택을 내는데 사용되는 대패[木屑]이다. '구조물을 짓는' 것과 같은 공정을 말한다.

440   교묘히 새길
갈/계

韧

qià

고대 사회에서 계약을 할 때 칼로 나무판에 금을 새겨 표시를 한 다음, 각자 계약서의 절반을 나누어 가지고 차후에 검증의 증거로 삼았었다. 개(丰)는 계(韧)를 분해해 추출하여 나온 글자인데, 지금은 둘 다 새김을 나타내는 기호로 쓰인다.

441   **줄기 매**

枚

méi

나무[木]와 지팡이[攵]의 조합으로 이루어졌다. 나무의 가지들이 서로 연결되는 지점에서 나무 손잡이의 굽은 모양을 자연스럽게 형성하기 때문에 도끼의 손잡이로 직접 사용하거나 보행을 돕는 지팡이로도 사용할 수 있었다.

442   **비 추**

帚

zhǒu

빗자루이다. 마른 관목을 사용하여 손에 들 수 있도록 묶은 다음, 앞부분의 손잡이로 땅을 쓸어 내는 청소 도구이다.

443 **옻 칠**

qi

나무의 껍질이 손상을 입어 즙이 흘러 나오는 모양이다. 이는 옻나무의 옻 즙을 모아 나무로 만든 용기의 광택을 내는 데 사용됨을 말한다.

金

篆

❶ 동물

❷ 전쟁 형벌 제도

❸ 일상생활①

❹ 일상생활②

❺ 기물제작

❻ 삶과 신앙

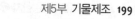

5.4
피혁과 방직

5.4.1 피혁

444 **가죽 혁**

gé

상형자이다. 동물의 가죽을 펴서 건조시키는 모습을 그렸는데, 가죽은 건조 후 단단해진다. 동물의 머리, 몸, 꼬리가 모두 선명하게 표현되었다.

445　이길 극

克

kè

한 손에 극(克) 모양의 가죽으로 만든 방패를 든 모습인데, 공격과 방어 기능을 모두 가지고 있다. 이로써 '극복하다', '이기다'는 의미를 표현했다.

金　篆　篆　金

446　가죽 피

皮

pí

447　부드러울 유

柔

róu

가죽 조각을 손에 들고 나무 말뚝에 걸고 당기는 모습인데, 이렇게 하면 가죽이 부드러워진다.

古　篆

448

훌부들한
가죽 준/연

軟

ruǎn

윗부분은 모자의 모양이고, 아랫부분은 부드러운 가죽이다. 부드러운 가죽으로 모자를 만들다는 뜻이다. 이후 연(鞣)자에 의해 대체되어, 더 이상 '무두질을 하다'는 의미와 관련되었음을 알아볼 수 없게 되었다.

篆

449   **악기 이름 주**

zhǔ

북의 모양으로, 아랫부분에 받침대가 있어 땅위에 세울 수 있다. 북의 윗부분이 갈라진 모습을 하였는데, 장식 효과 외에도 북채를 걸어둘 수 있었다.

金 甲

450   **성 팽**

péng

북(壴) 옆에 3개의 짧은 획이 그려진 모습인데, 삼(彡)은 짧고 강력한 북소리를 상징한다.

甲

❶ 동물

❷ 전쟁 형벌 제도

❸ 일상생활①

❹ 일상생활②

❺ 기물제작

❻ 삶과 신앙

451 **북 고**

gǔ

북채를 한 손으로 잡고 세워진 북을 두드리는 모습이다. 원래는 북을 치는 동작을 말했으나 나중에 악기인 '북'을 지칭했다.

452 **세울 주**

樹

shù   zhù

굽이 있는 기물인 두(豆)처럼 용기에 어떤 식물을 놓은 모습인데, 이는 제사를 위한 목적이었을 것이다.

453 **오로지 전**

zhuān

손에 실이 가득 감긴 가락바퀴[紡錘]를 잡고 있는 모습이다. 베를 짜기 전에 실을 실꾸리(실패)에 감아야 하는데, 오롯이 집중해야지 그렇지 않으면 실이 엉망으로 엉켜서 잘못된 무늬를 만들게 된다.

454　　지하수 경

巠

jīng

베를 짜는 기계인 베틀에 날실이 이미 설치된 모습이다. 이어서 북을 사용하여 날실을 씨실로 통과시키면 베를 짤 수 있다.

金

455　　기미 기

幾

jī

앉아서 발판을 사용하여 날실의 개폐를 통제하면서 베를 짤 수 있는 직조기, 즉 베틀을 말한다.

篆　金

456 　실 사

si

두 개의 실타래가 나란하게 배치된 모습이다. 누에가 뿜어낸 실은 너무나 가늘어서 직접 베를 짜기에는 적합하지 않다. 그래서 기계로 직조하기 전에 세 가닥의 실을 꼬아서 좀 더 두꺼운 실로 만들어 써야만 베를 짤 수가 있다.

金　甲

457 　가는 실 멱

mì

삼(대마) 같은 종류의 섬유를 얽어 짠 실을 말한다.

金　甲

458 　무성할 자

zī

지시대명사로 사용되는데, 두 개의 실 묶음으로 표현했다.

金　甲

❶ 동물　❷ 전쟁 형벌 제도　❸ 일상생활①　❹ 일상생활②　❺ 기물제작　❻ 삶과 신앙

459　뽕나무 상

桑

sāng

뽕나무의 모습이다.

篆　甲

460　죽을 상

喪

sàng

뽕나무 잎을 따는 장면을 묘사했는데, 나무에 가지와 새싹 사이에는 1개에서 4개의 구(口)가 더해진 모습이다. 이후 '죽다'는 의미로 가차되었다.

金　甲

461　흴 소

素

sù

양손으로 아직 정리되지 않은 실을 잡고 있는 모습이다. 가장자리가 아직 골라지지 않은 모습이 직물의 초기 상태임을 말해주며, 이로부터 '아직 가공되지 않은'이라는 의미를 나타내게 되었다.

篆　金

462

동아줄 삭

찾을 색

suǒ

두 손으로 밧줄을 짜고 있는 모습인데, 밧줄의 한쪽 끝이 세 개의 가닥으로 표현되었다.

① 동물

② 전쟁 형벌 제도

③ 일상생활 ①

④ 일상생활 ②

❺ 기물제작

⑥ 삶과 신앙

5.5

도자기와 금속

5.5.1 도자기

463 　**흙 토**

tǔ

상단과 하단은 작고 중간 허리 부분은 큰 흙더미 모양이며, 그 측면으로 물방울이 있어, 성형 가능하고 불에 구울 수 있는 가치 있는 흙임을 강조했다.

464 　**장군 부**

fǒu

도기를 만들기 위한 용기와 점토를 두드리는 나무판으로 구성되어, 나무 판을 두드려 형태를 만든 도기임을 강조했다.

465　질그릇 도

陶　甸

táo

한 사람(도공)이 쪼그리고 앉아 손으로 가늘고 긴 도구(도자기 두드리는 판)를 들고 점토 조각을 가공하는 모습이다.

466　가마 요

窯

yáo

467　가마 요

窑

yáo

도기를 굽는 동굴 같이 생긴 시설인 '가마'를 말한다.

❶ 동물

❷ 전쟁 형벌 제도

❸ 일상생활①

❹ 일상생활②

❺ 기물제작

❻ 삶과 신앙

5.5.2 금속

468 　쇠금/성 김

jīn

금(金)은 금속을 녹여 기물을 주조하기 위한 거푸집을 말하는데, 이 주형틀을 사용하여 청동기를 주조한다는 개념을 표현했다.

469 　쇠 부어 만들 주

鑄

zhù

두 손으로 기물 속에 담긴 구리 용액을 다른 기물에 붓는 모습인데, 이로써 용기를 주조하는 과정을 표현했다.

470 　법 법

法

fǎ

『설문해자』의 고문체 자형에 근거하면 금속과 주형틀을 그렸다. 법과 금속 주형틀은 모두 다른 대상물을 규범화한다는 공통적 속성을 가졌다.

471

힘쓸 소
사람이름 쇠

zhāo

472

나눌 할

gē

고문 자형을 보면 칼로 주형틀을 묶었던 밧줄을 자르고, 묻은 흙을 제거하여, 주물로 만든 기물을 꺼내는 모습이다. 금문에서는 칼로 물건을 두 개로 나눈 모습인데, 이는 주형틀을 갈라서 완성품을 꺼낸다는 의미를 나타냈다.

473

길할 길

jí

주형틀이 이미 다 갖추어져 깊은 구덩이에 설치된 모습이다. 구덩이에 넣으면 냉각 속도가 느려져 더욱 아름답게 주조할 수 있다. 이로부터 '훌륭하다', '좋다'는 뜻이 나왔다.

474 밝을 철

矗

哲

zhé

의미부로 '심장'이 포함된 것은 이 글자가 생각과 감정에 관련되었음을 말해준다. 그리고 언(言)은 긴 관악기를 말하여 '말'을 상징한다. 모루 위에서 철기를 두드리는 모습으로 주조와 관련되었다. 전체 구조는 고도로 심화된 전문적인 지식임을 나타냈다.

金

古

475 엄할 엄

嚴

yán

손에 도구를 들고 산에서 광석을 채굴하는 모습이다. 이로써 '엄격하다', '가혹하다'는 의미가 생겼다.

金

476 **감히 감**

gǎn

광물을 채취하는 노동자의 모습을 그렸다. 광물을 채취한다는 것은 매우 힘들고 위험한 작업으로 상당한 용기가 필요하다. 이 때문에 '용감(勇敢)하다와 '과감(果敢)하다' 등의 뜻이 나왔다.

金

477 **깊을 심**

shēn

한 사람이 동굴에서 입을 벌리고 숨을 쉬며 땀을 흘리는 모습이다. 이는 광정 깊은 곳에서 일어나는 현상인데, 이로부터 '깊다'는 의미를 갖게 되었다.

金

478 **가릴 간**

jiǎn

자루 속에 무언가가 들어 있는 모습이다. 재료를 마대 자루에 넣고 물속에 담가서, 물이 천천히 불순물을 용해시켜 순수한 품질을 얻도록 하는 장치이다. 그래서 '선택하다'는 의미를 갖게 되었다.

金

479 **밥그릇 로**

lú

받침대 위에 놓인 화로의 모습을 그렸다.

---

480 **전대 탁**

tuó

갑골문에서는 원래 앞뒤 양끝을 묶을 수 있는 바람을 불어넣는 데 쓰는 포대를 그렸는데, 용광로의 연소 온도를 올릴 수 있는 장치였다. 이후 여러 가지 모양과 재질로 된 포대가 만들어졌고, 포대 중간에도 다양한 기호가 추가되었다. 금문에서는 부(缶)가 소리부로 쓰였고, 소전에서는 석(石)이 소리부인 구조로 바뀌었다.

---

481 **갈 복**

fù

한 발로 풍로의 송풍 주머니를 작동시키고 있는 모습이다. 송풍 주머니의 작동은 압축된 가죽 주머니를 사용하여 공기를 화로로 보내 온도를 높이고 태우는데 도움을 준다.

---

482 **음률 려**

呂

lǚ

제련된 광석 두 조각을 그렸는데, '주조'와 관련된 의미이다.

483 **두터울 후**

厚

hòu

도가니의 사용 방법을 나타냈다. 도가니의 벽은 일반 용기의 벽보다 훨씬 두꺼워야 하기 때문에 이로써 '두께'라는 개념을 표현하는 데 사용했다.

484 **법칙 칙**

則

zé

'정(鼎: 세발솥)'과 '도(刀: 칼)'의 조합으로 이루어졌다. 청동기의 아름다움[鼎]이나 청동 도구의 예리함[刀]은 구리와 주석의 합금 비율에 따라 달라지므로, 어떤 '기준'과 '원칙'이라는 의미를 갖게 되었다.

485 **주석 석**

xī

세 부분으로 구성되었는데, 금(金)은 금속을 의미하고, 역(易)은 독음 부호이며, 나머지는 주석 덩어리의 형상이다.

金

486 **구분 단**

duàn

한 손에 도구를 들고 산에서 두 개의 금속 주괴를 파내고 있는 모습이다. 광석을 채굴할 때에는 도구로 바위를 때려 깨야 하므로 '때리다'는 뜻이 있게 되었다.

金

487 **쇠 철**

tiě

철(戗)자는 철(鐵)자의 초기 형태로, 철(鐵)자의 어원이기도 하다. 모루[呈]에다 무기[戈]를 놓고 단조하는 모습이다.

銘

불릴 야

yě

도(刀), 화(火), 금속 찌꺼기, 모루로 구성되었는데, 철기를 '단조(두들기거나 눌러서 필요한 형체로 만드는 일)'하는 기술을 말한다.

金

나아갈 진

jìn

두 개의 화살이 해 모양의 거푸집에 놓인 모습이다. 이로써 화살촉으로 주조하는 모습을 그렸는데, 두 조각으로 된 창고달[鐏]의 모형을 말하며 회의 구조로 되었다.

金 甲

① 동물 ② 전쟁 형벌 제도 ③ 일상생활① ④ 일상생활② ❺ 기물제작 ⑥ 삶과 신앙

화폐와 상업 활동

490 **저자 시**

shì

멀리서도 사람들이 시장이 열려 상품을 교환할 수 있다는 것을 잘 알아볼 수 있게 긴 장대에 깃발을 달아 매달아 놓은 모습이다.

491 **사귈 교**

交

jiāo

물체가 서로 얽힌 모습을 표현하는데, 다리를 교차시켜 서 있는 성인의 모습으로 이를 그려냈다.

492 **바꿀 역**
쉬울 이

易

yì

이것은 딱딱한 껍질을 가진 수생 연체동물의 형상이라 추측되며, 세 개의 비스듬한 점은 그것이 사는 환경이나 기어 간 후 남은 흔적을 나타낸다고 보인다. 금문에서부터 자형이 잘못 변하기 시작해, 머리의 형상이 등장했다. 그래서 『설문해자』에서는 도마뱀과 같은 파충류라고 풀이했다.

493 **바탕 질**

質

zhì

두 자루의 도끼[斤]를 하나의 조개화폐와 교환한다는 의미를 그렸다.

494 **조개 패**

貝

bèi

조개의 배 부분을 그렸다. 조개껍질은 단단하고 세밀한데, 북방 지역에서는 이를 구하기가 쉽지 않았다. 그래서 이를 가치 있는 것으로 간주하였고, 이로써 거래하는 매개로 삼거나 귀중품으로 삼았다.

495　갓난아이 영

ying

목 주위로 조개껍질로 만든 장식이
고르게 매달려 있다. 목걸이 장식은
목을 에워싸고서 매달려 있기 때문에
'에워싸다'는 의미로 확장되었다.

 金

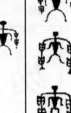

496　벗 붕

péng

바다 조개를 꿰어서 목걸이로 만든 모
습인데, '붕우(朋友: 친구)'처럼 항상 함
께하는 것임을 반영했다.

金 甲

497　열매 실

shí

집안의 상자 속에 조개 화폐가 저장되
어 있는 모습인데, 이로써 '풍족하다'는
의미를 나타냈다.

金

498 **보배 보**

bǎo

집 안에 조개화폐와 꿰어 놓은 옥이 든 모습인데, 모두 귀한 존재로 잘 간직할 만한 것들이다.

499 **살 매**

mǎi

그물로 화폐로 쓰이는 바다조개를 건지는 모습이다. 바다 조개는 물건을 사는데 쓸 수 있었으므로, '구매(購買)하다'는 뜻이 생겼다.

500 **팔 매**

mài

출(出)과 패(貝)의 결합으로 이루어졌는데, 물건을 내다 팔다는 뜻을 담았다. 해서체에서는 자형이 줄어 매(賣)가 되었다.

❶ 동물

❷ 전쟁·형벌 제도

❸ 일상생활 ⑴

❹ 일상생활 ⑵

❺ 기물제작

❻ 삶과 신앙

501 **힘입을 뢰**

lài

포대에 바다조개가 담겨진 모습이다. 포대에 담아 놓아야만 잃어버리지 않게 된다. 그래서 '신뢰(信賴)'의 의미가 생겼다.

502 **헤아릴 상**

商

shāng

우뚝 솟은 입구가 있는 건물의 모습인데, 그곳이 정치의 중심임을 나타냈다.

503 **깨뜨릴 패**

敗

bài

조개껍질을 양손에 잡고 서로 충돌시키면 조개껍질이 손상되어 귀중한 가치를 잃게 되므로, '손상되다'는 의미를 갖고 있다.

5.7
통용 도량형의 제정

504

둘을 한꺼번에
들 칭

稱

chēng

| 金 | 甲 |

한 손으로 건축 자재(목재나 볏단 등)를 집어 들고 무게를 추정하는 모습을 그렸다.

505 **무거울 중**

重

zhòng/
chóng

| 金 |

앞쪽에 갈고리가 있는 양쪽 끝을 동여매어 놓은 포대기를 그렸다. 포대기에 물건이 가득 들어 손으로 들 수 없어서 고리로 들어 올려야했는데, 이로써 '무겁다'는 뜻을 표현했다.

506 **마디 촌**

寸

cùn

| 篆 |

손으로 물건의 길이를 측정하는 모습이다. 가로획은 엄지손가락의 너비를 상징한다.

제5부 기물제조 **223**

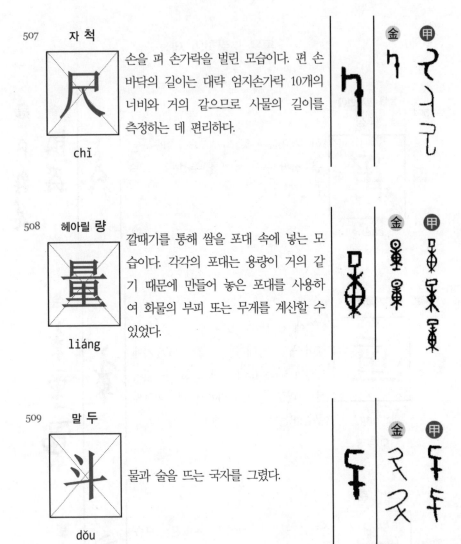

507 **자 척**

尺

chǐ

손을 펴 손가락을 벌린 모습이다. 편 손바닥의 길이는 대략 엄지손가락 10개의 너비와 거의 같으므로 사물의 길이를 측정하는 데 편리하다.

508 **헤아릴 량**

量

liáng

깔때기를 통해 쌀을 포대 속에 넣는 모습이다. 각각의 포대는 용량이 거의 같기 때문에 만들어 놓은 포대를 사용하여 화물의 부피 또는 무게를 계산할 수 있었다.

509 **말 두**

斗

dǒu

물과 술을 뜨는 국자를 그렸다.

❶ 동물

❷ 전쟁 형벌 제도

❸ 일상생활 ①

❹ 일상생활 ②

❺ 기물제작

❻ 삶과 신앙

510 　반드시 필

가로획으로 기구의 손잡이가 있는 곳을 가리켰는데, 이는 대표적인 지사자이다.

bì

511 　되질할 료

미(米)와 두(斗)의 조합으로 이루어졌는데, 말(斗)(혹은 되)로 쌀의 양을 재다는 뜻이다.

liào

512 　되 승

요리에 쓰는 숟가락을 그렸다. 용량은 두(斗: 한 말)의 10분의 1이다. 지금의 용량 단위로 환산하면 2백 밀리리터(ml, cc)에 해당한다.

shēng

513 **평평할 평**

píng

받침대의 양쪽 끝에 물건이 놓인 모습인데, 저울과 관련된 것으로 보인다. '균형을 이루다', '치우치지 않다'는 의미를 갖는다.

金

514 **어조사 우**

yú

저울(천평)의 가름대이다. 무거운 물건의 무게를 재야하기 했는데, 무게로 인해 저울의 가름대가 파손되는 것을 방지하기 위해 2개의 층으로 강화하였다. 이후 종종 전치사로 사용되었다.

金 甲

제6부

삶과 신앙

515 **날 생**

풀이 땅 위로 자라나는 모습이다. 풀의 생명력이 강인하여 땅속의 뿌리가 봄날의 기운에 닿자마자 즉시 생기발랄하게 자라나는 모습을 그렸다.

shēng

516 **아이 밸 잉**

사람의 배속(🧍)에 이미 모습을 갖춘 아이(🧒)가 든 모습이다.

yùn

517 **몸 신**

사람의 배가 부풀어 오른 모습이다. 여성이 임신을 하면 특정 단계에 이르러 배가 크게 부풀어 오르는데, 잉(孕)자로써 '유신(有身: 임신했음)'을 나타냈다.

shēn

❶ 동물 ❷ 전쟁·형벌·제도 ❸ 일상생활(1) ❹ 일상생활(2) ❺ 기물제작

❻ 삶과 신앙

518　쌀 포

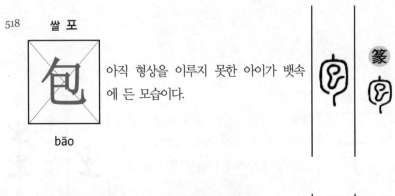

包

bāo

아직 형상을 이루지 못한 아이가 뱃속에 든 모습이다.

篆

519　어두울 명

冥

míng

자형을 보면, 태아가 원활하게 나올 수 있도록 양손으로 자궁을 벌리는 모습이다. 명(冥)에는 '어둡다'라는 의미도 있는데, 의학이 아직 발달하지 않았던 고대 사회에서 사람들은 산모가 출산하는 방에 사악한 기운이 들어갈까 두려워 어두운 방에서 아이를 낳도록 했던 때문이다.

篆　甲

520 **기를 육**

育

yù

521 **기를 육**

毓

yù

육(育)은 태아가 자궁 밖으로 미끄러져 나오는 모습을 그렸다. 육(毓)은 반쯤 쪼그리고 앉은 자세의 여성(🜨)에, 몸 아래로 아이가 거꾸로(古) 나오는 모습이다. 아이 주변으로 양수가 함께 표현되어 출산하는 모습을 그렸다.

522 **고칠 개**

改

gǎi

한 손에 막대기를 잡고 조산한 아이를 때리는 모습이다. '다음에 태어나는 아기는 건강한 아기가 될 수 있기를 바란다'는 의미를 담았고, 이로부터 '고치다'는 뜻이 나왔다.

⑥ 삶과 신앙

523 **아름다울 가**

jiā

여성을 뜻하는 여(女, 🖐)와 힘을 뜻하는 력(力, ⤵)의 조합으로 되었는데, 한 여성이 쟁기질을 할 수 있는 남자아이를 안고 있는 모습이다. 고대사회에서 남자아이만이 가업을 계승할 수 있었기에, 남자아이를 낳는 것은 좋은 일이었고, 이로부터 '훌륭하다'는 뜻이 나왔다.

524 **좋을 호**

hǎo

한 여성이 사내아이를 안고 있는 모습이다. 여자에게 안아 줄 수 있는 아들이 있다는 것은 축하할만한 좋은 일이었다.

525 **아들 자**

zǐ

아이의 전체 모습을 그렸다. 손과 발이 모두 그려졌는데, 남자아이든 여자아이든 모두의 공통된 이미지이다. 그러나 고대 가부장제의 관습으로 인해 실제로는 남자아이를 대표하는 데 사용되었다.

526 **버릴 기**

qì

두 손(👐)으로 쓰레받기(🗑)를 들고 있고, 쓰레받기 안에는 어린 아이(子)가 들어 있으며, 아이 주위로 피를 흘리는 모습이 표현되었다. 고대사회는 의학이 잘 발달되지 않았던지라 신생아 사망률이 매우 높았다. 막 출산한 신생아의 생명을 구할 방법이 없어 쓰레받기로 갖다 버리는 모습이다.

527 **장수 수/솔**

shuài

문의 오른쪽에 수건이 달린 모습이다. 이는 고대 중국에서 여자아기가 태어났다는 신호인데, 수건은 여성이 집안일을 할 때 쓰던 필수품이었기에 여성을 상징하는 물건으로 사용되었다.

528 젖 유

한 여성이 입을 벌린 아이에게 모유를 먹이는 모습이다. 이로부터 '수유(授乳: 젖을 먹이다)', '우유(牛乳)', '유방(乳房)' 등의 의미가 나왔다.

rǔ

529 지킬 보

등에 업은 아이를 보호하기 위해 손을 등까지 뻗치고 서있는 사람을 그렸다. 이로부터 '보호(保護)하다', '보존(保存)하다' 등의 뜻이 생겼다.

bǎo

530 글자 자

字

zì

어린 아기가 집에 있는 모습이다. 조상의 영령 앞에서 아기를 소개하여 가족의 성원이 되게 한다는 것을 의미한다. 아이가 자신의 이름을 가져야만 산에 넣을 수 있는 자손이 된다. 아이들은 점점 더 태어나 불어날 것이므로 [기초자인 문(文)이 결합하여 무한대로 만들어내는] '문자(文字)'라는 뜻이 파생되었다.

金

531 같을 여

如

rú

여(女)와 구(口)의 조합으로 이루어졌는데, 아마도 여성의 말은 부드럽고 순종적이어야 한다는 의미를 담았을 것으로 추정된다.

篆 甲

532 구멍 공

孔

kǒng

어린 아이의 머리에 돌기가 있는 모습인데, 그 머리 모양을 표현했을 것이다.

金

① 동물
② 전쟁 형벌 제도
③ 일상생활 ①
④ 일상생활 ②
⑤ 기물제작
⑥ 삶과 신앙

533 헤엄칠 유

游

yóu

갑골문에서는 어린이와 깃발 하나의 조합으로 되었는데, 어린이들이 장난감 깃발을 갖고 노는 모습을 그렸다. 이후 유(斿)는 깃대 위의 깃발이라는 의미로 가차되었다. 바람에 휘날리는 모습이 물결처럼 보이므로 수(水)를 더한 유(游)를 만들었다.

534 늙은이 로

老

lǎo

머리칼을 느슨하게 풀어헤친 노인의 모습인데(), 특별한 모양의 모자와 두건을 착용하고() 손에는 지팡이를 들었다().

535 효도 효

孝

xiào

자(子)와 노(老)의 조합으로 이루어졌는데, 손자와 할아버지가 함께 걷는 장면을 보여준다. 노인이 아이의 부축을 받아야 걸을 수 있음을 그렸는데, 마침 어린이의 키가 지팡이의 높이로 표현되어 지팡이의 역할을 함을 보여 주고, 이로써 '효도(孝道)'라는 의미를 잘 표현했다.

536 **상고할 고**

kǎo

머리칼을 느슨하게 풀어헤친 노인이 지팡이를 손에 들고 걷는 모습을 그렸다. 돌아가신 아버지라는 뜻인데, '고문(拷問)하다', '때리다'는 의미도 있다. 어쩌면 노인을 몽둥이로 때려서 죽이던 고대 장례 관습과 관련이 있을 수 있다.

金
考 考 考

537 **편안할 안**

ān

여성이 집안에 있는 모습이다. 고대 여성들은 결혼하기 전에는 집밖으로 나가지 않았는데, 여성이 실내에 있는 모습으로써 '안전(安全)'과 '평안(平安)'의 의미를 표현했다.

金 甲

❶ 동물
❷ 전쟁 형벌 제도
❸ 일상생활 ①
❹ 일상생활 ②
❺ 기물제작
❻ 삶과 신앙

성인

538 **지아비 부**

夫

fū

닭 볏처럼 생긴 비녀를 성인(🔆)의 머리카락에 꽂은 모습이다. 성년이 되면 남녀를 막론하고 모두가 땋은 긴 머리카락을 머리 위에 쟁반처럼 틀어 얹어야만 했다.

金 甲

539 **법 규**

規

guī

부(夫)와 견(見)의 조합으로 이루어진 표의자이다. 견(見)은 눈에 보이는 이미지를 말하는데, 이로부터 성인의 사물에 대한 성숙한 견해 그것이 바로 '법'이라는 의미를 담았다.

篆

540 **바랄 망**

望

wàng

한 사람이 먼 곳의 상황을 살펴보기 위해 높은 곳에서 눈을 크게 뜨고 서 있는 모습이다. 이후 망(望)은 한 달 중 가장 밝은 달(보름달)이라는 뜻으로 가차되었는데, 이를 위해 월(月)도 새로이 더해졌다.

金 甲

541　**아내 처**

긴 머리를 손으로 빗는 여성의 모습이다. 여자들은 성년이 되기 전에 머리를 길러 자연스럽게 처지게 하고, 결혼한 후에는 머리를 말아서 쟁반처럼 얹는다.

qī

甲

542　**갓 관**

한 사람의 머리[元]에 손[寸]으로 모자(冃)를 씌우는 모습인데, 이는 남성의 성인의식을 거행하는 동작이다. 의식을 받아들이는 이 사람은 상당히 고급 계층에 속하는 사람이었다.

guàn

篆

543　**며느리 부**

'추(帚: 빗자루)'는 바닥을 청소하는 도구를 그렸다. 집의 청소는 기본적으로 결혼한 여성의 일이었다. 이후 빗자루라는 뜻과 구별하게 위해 추(帚)에 여(女)를 더해 부(婦)로 분화했다.

fù

金　甲

544 **돌아갈 귀**

gui

사(自)와 추(帚: 빗자루)의 조합으로 이루어졌다. 아마도 여성이 결혼해 출가할 때 고향의 흙과 빗자루를 함께 가져가던 관습을 반영한 것일 수 있다.

甲

결혼

545 **혼인할 혼**

들을 **문**

聞

wén   hūn

형성자인데, 신부와 결혼하는 시간이 황혼 때였기 때문에 혼(婚)으로 '결혼'이라는 의미를 그려냈다. 금문에서는 '문(聞: 보고를 받다)'의 뜻으로 쓰였는데, 자형을 보면 무릎을 꿇은 사람이 입을 크게 벌리고 있는데 입에서 침이 튀는 모습이 그려졌다. 그의 손이 위로 올려간 것으로 보아 특별한 소식을 듣고, 놀라 실의하여 울부짖는 소리를 내는 모습으로 보인다.

546 **조상 조**

또 **차**

且

qiě   zǔ

차(且)와 신령을 나타내는 시(示)의 조합으로 이루어졌다. 차(且)는 인류의 번식의 근본인 남성의 성기 모양(且)으로, 이로써 '(남성) 조상'의 의미를 나타냈다.

547 **아비 부**

父

fù

한 손에 돌도끼를 든 모습이다. 모계 사회에서 노동하던 관습에서 의미를 빌려 왔는데, 그것이 성인 남자의 직무임을 말한다.

548 **어미 모**

母

mǔ

무릎에 손을 가지런하게 대고 무릎을 꿇어 낮아있는 한 여성의 모습이다. 가슴에는 두 개의 작은 점이 그려져 여성의 유방을 표현해, 여성이 출산 후에 비로소 아이에게 젖을 먹일 수 있음을 강조했다.

549 **어미 비**

匕 妣

bǐ

'여성 조상을 지칭한자. 숟가락을 그렸는데, 숟가락은 국에서 채소나 고깃덩어리를 건져내는 도구이다. 숟가락이 음식을 상징하는 도구였고, 여성들이 주로 사용했기에 이로써 '여성 조상'을 지칭하게 되었다.

550　**매양 매**

每

měi

여성의 머리칼에 여러 가지 장신구를 꽂은 모습이며, 이러한 일상적인 장면으로써 '풍만미'의 의미를 표현해 냈다.

金　甲

551　**재빠를 민**

敏

mǐn

머리에 많은 장신구를 꽂은 여성의 모습과 그것을 만지는 한 손을 그렸는데, 빠른 속도로 '민첩하게' 화장을 해야 함을 나타냈다. 그래야만 나머지 시간에 다양한 가사활동을 할 수 있다.

金　甲

552　**많을 번**

繁　緐

fán

매(每)와 멱(糸)의 조합으로 이루어진 회의자이다. 한 여성의 머리에 머리핀과 같은 장식품을 꽂은 것 외에도 많은 색깔의 리본이 장식되었는데, 이로써 '번잡하다'는 추상적 의미를 그려냈다.

金

❻ 삶과 신앙

553 여자 희

姫

jī

화려하게 차려 입은 여성과 조밀하고 길게 만들어진 빗으로 구성되었는데, '귀부인'이라는 뜻이다. 길고 조밀하게 만들어진 빗을 꽂았다는 의미로부터 단순히 비녀만 꽂은 여인보다 신분이 더욱 높음을 표현했음이 분명하다.

554 병 질

疾

jí

한 사람이 화살에 맞아 부상을 당해 쓰러진 모습을 그렸다. 내상으로 인해 침대에 누워있는 녁(疒)자와는 달리, 질(疾)은 외상을 입은 환자를 지칭했다. 또 다른 해석은 병이 나는 것을 모두가 싫어했기 때문에 질(疾)에 '혐오하다'는 뜻이 생겼다고도 한다.

555 묵을 숙

宿

sù

한 사람이 짚으로 짠 돗자리에 누워있거나, 집 안의 돗자리에서 누워 자는 모습이다. 그 당시에 이미 마른 풀을 깔고 자는 것에서 짚으로 짠 돗자리에서 자는 것으로 개선되었다. 이는 밤에 자는 오랜 잠을 표현했으므로, '숙박(宿泊)'이나 '하룻밤이 지난 시간'을 지칭하는데 쓰였다.

556　**장사지낼 장**

zàng

나무를 짜서 만든 관 안에 침대 위에서 누운 사람이 그려졌다. 병에 걸렸을 때 비로소 침상 위에 눕는데, 이는 죽음의 준비 단계이다. 침상 위에서 죽음을 맞는 것이 당시의 의식에 부합했다.

557　**꿈 몽**

mèng

눈썹이 크게 그려진 귀족이 침대에서 자는 모습인데, 눈을 크게 뜨고 마치 무언가를 보는 것처럼 그려졌다. 고대의 귀족들은 중요한 결정을 내리기 전에 강제로 약을 먹고 잠을 자 꿈에서 문제의 해결방안을 얻고자 하는 습속이 있었다. 의외로 사망할 가능성도 있었고, 또 그의 신분이 존귀하고 높았던지라 특별히 침대 위에 누워 꿈을 꾸도록 했다.

558　**죽을 사**

sǐ

옆으로 누워 있거나 위로 누운 사람이 나무로 짠 관 속에 든 모습이다. 때로는 사람 주위로 범이 몇 개 표현되었는데, 이는 부장품을 상징한 것으로 보인다.

篆　甲

⑥ 삶과 신앙

노화, 질병, 사망

559 **아낄 린**

lin

문(文)과 구(口)의 조합으로 이루어졌다. 죽은 사람이 구덩이에 들어 있는 모습인데, 이 사람을 관에 매장하지 못하고 구덩이를 파서 묻을 수밖에 없음을 표현했다. 이로부터 '애석하다'는 의미를 그려냈다.

560 **글월 문**

wén

사람의 가슴에는 무늬가 있는 모습이다. 문신은 고대 중국의 매장 의식의 한 형태이다. 시체의 가슴에 칼로 칼집을 새겨 피가 흘러나오게 하여 영혼이 육신에서 빠져나가 부활하도록 했다. 이는 죽은 자의 영혼과 이별하는 의식이었다.

561 이웃 린

lín

두 개의 국(口)과 하나의 문(文)이 조합된 모습이다. 국(口)은 직사각형의 구덩이를, 문(文)은 성스러운 죽음 의식을 거행한 죽은 사람을 말한다. 그래서 이 글자는 매장 지역에서 무덤들이 나란히 이웃하여 존재함을 표현하였으며, 이로부터 '인접하다'는 뜻이 나왔다.

金

篆

562 돌아올 환

huán

도로(彳)와 눈썹이 표현된 눈(目), 그리고 쟁기(方)로 구성되었다. 고대인들은 바깥세상으로 이동하는 경우가 드물었는데, 밖에서 객사한 대부분은 농민출신의 병사들이었다. 제사장은 객사한 이들의 영혼을 끌어 들이기 위해 그들이 사용했던 쟁기로 영혼을 불러들였으며, 그런 다음 시신을 묻었다. 이후 쟁기 대신 옷을 사용하게 되었다.

金 甲

죽음과 장례

563 **주검 시**

尸

shī

2차 매장(두 번째 매장) 때 사용하던 매장 자세이다. 사람이 죽으면 몸이 뻣뻣해지는데, 신체의 살이 다 썩고 백골로 변하기를 기다렸다가 다시 수습하여 배열할 때 이 자세가 나타날 수 있다. 고대 중국인들의 관념에 따르면, 이렇게 해야만 진정으로 인간세상을 떠났다고 간주했다.

564 **작을 미**

微

wēi

한 손으로 막대기를 잡고 뒤에서 머리칼이 길게 자란 노인을 공격하는 모습이다. 고대 중국에서는 환생을 위해 노인을 때려죽이는 관습이 있었다. 아마도 맞아 죽는 노인은 힘이 허약하거나 병이 든 노인이었을 것이다. 그래서 '아프다', '미약(微弱)하다' 등의 뜻이 나왔을 것이다.

565 **조상할 조**

diào

한 사람이 밧줄에 묶여있는 것처럼 보인다. 동북 지역에서는 사람이 죽은 다음 몸을 나무에 걸어 놓고 새가 육신을 쪼아 먹게 만들고, 육탈이 된 다음 남은 뼈를 수습하여 묻었다.

金 甲

---

566 **해칠 잔**

殘

cán

한 손으로 말라빠진 뼈를 집어 든 모습이다. 시신을 새와 짐승이 먹는 바람에 남은 뼈는 대부분 제대로 모습을 갖추지 못하고 '부서진' 모습이다. 찬(奴)은 잔(殘)의 원래 글자인데, 이를 빌려와 '완전하지 않은 찌꺼기'라는 의미를 표현했다.

篆 甲

---

567 **골 학**

壑

hùo

이 글자는 손[又], 말라빠진 뼈[歹], 계곡[谷] 등 세 가지 요소로 구성되어 있다. 사람들은 종종 죽은 사람들의 뼈를 수습하기 위해 깊은 계곡으로 갔는데, 이러한 모습에서 이 글자를 만들었다.

篆

❶ 동물 ❷ 전쟁 형벌 제도 ❸ 일상생활⑴ ❹ 일상생활⑵ ❺ 기물제작

❻ 삶과 신앙

568 **주인 주**

zhǔ

나무 한 그루 위에 불이 그려진 모습이
다. 이는 옛날에 바로 선 나뭇가지로 만
든 횃불로 옥외 조명에 사용했기 때문
일 것이다. 조상신의 위패 곁은 항상 불
을 켜두어야 했기에 신령의 위패 즉 신
주(神主)를 지칭하는데도 사용되었다.

甲

6.7

제사와 귀신

569 **보일 시**

shì

선반 위로 만들어진 평평한 대(臺)를 말한다. 아마도 신의 영혼이 기거한다고 상상하는 곳일 수도 있다. 그 위에다 제사를 모시는 제수 품을 놓곤 했는데, 지금은 이를 '제단'이라 부른다.

570 **마루 종**

zōng

이곳은 조상의 신령을 존중하며 모시는 곳이며, 동성 종족들이 함께 와서 자신의 선조들에게 제사를 지내는 사당을 말한다.

571 **임금 제**

帝

dì

묶어놓은 나뭇가지들로 최고의 신(상제)을 나타냈으며, 다시 정치 조직의 왕으로 그 의미가 발전했다.

572 **귀신 귀**

鬼

guǐ

사람이 얼굴에 가면을 쓰고 귀신으로 분장한 모습인데, 신령의 대리인으로 꾸민 것이다. 상나라 때에는 '귀(鬼: 귀신)'에 '신령'의 뜻이 함께 들어 있었다.

573 **도깨비 매**

魅

mèi

무릎을 꿇고 있는 유령의 몸체 위로 인광으로 인한 빛이 나는 모양이다. 인간의 뼈는 인이라는 광물을 함유하여 녹색 빛을 발산할 수 있다. 사람이 죽은 후 오래 되면 인은 뼈를 떠나서 천천히 공기 중에 남게 되고, 밤이 되면 녹색 불빛을 내는데, '도깨비'라 부른다. 인광을 방출할 수 있다는 것은 강한 '매력'을 가진 오래된 유령을 상징한다.

574 **도깨비불 린**

lín

정면으로 서있는 사람의 모습인데, 몸 전체가 인광으로 뒤덮여 있다. 이는 제사장이 몸에 인을 바르거나 인을 칠한 옷을 입고 주술을 부리는 모습으로 추정된다.

金 甲

575 **옷에 구멍 날 형**

yíng

옷 위에 작은 점이 몇 개 그려졌는데, 위쪽에는 두 개의 화(火)자도 더해졌다. 이는 이 옷이 인으로 코팅되어 빛을 방출할 수 있으며, 귀신으로 분장할 때 입는 옷임을 말해 준다.

金 甲

576 **순임금 순**

shùn

상자 속에 빛을 낼 수 있는 사람이 든 모습이다. 이는 제사의 대상으로, 감실의 상자 속에 들어 있음을 표현했다. 몸을 인으로 코팅한 신상을 그렸다.

篆

❶ 동물
❷ 전쟁 형벌 제도
❸ 일상생활①
❹ 일상생활②
❺ 기물제작
❻ 삶과 신앙

577　두려워할 외

wèi

서 있는 귀신의 손에 몽둥이가 들려진 모습이다. 몽둥이 앞쪽에 갈라진 작은 틈이 있는데, 사람을 해칠 수 있는 딱딱한 물체를 장착한 것으로 보인다. (무서운 형상의) '귀신'이 이러한 무기까지 지녔다면 더욱 무섭고 두려운 존재였을 것이다.

578　다를 이

yì

머리에는 가면을 덮어쓰고 양손을 위로 치켜 든 채 서 있는 사람의 모습이다. 야만족의 가면은 대부분 모양이 무섭고 사람을 놀라게 하기에, 이 개념을 빌려 '이상하다'는 의미를 표현했다.

579　흉악할 흉

xiōng

머리에 특수한 모양을 하고 서서 혀를 내밀고 있는 사람의 모습이다. 머리 부분은 귀(鬼)자의 가면과 비슷한데, 악의적인 귀신의 모습일 수 있으며, 이 때문에 '흉악(凶惡)하다'는 의미가 나왔을 것이다.

580 **제사 제**

ji

한 손으로 피가 뚝뚝 떨어지는 생고기 조각을 들고 있는 모습이다. 사람들은 삶지 않은 음식을 먹지 않았기에, 삶지 않은 음식은 신령에게 제사를 지내는 행위를 상징한다. 그래서 '제사'라는 의미가 생겼다.

581 **화톳불 료**

liáo

세운 나무를 불로 태우고 있는 모습이다. '료제사[燎祭]'는 교외의 광활한 땅에서 거행되었으며, 나무를 쌓아 불을 붙여 태우는 제사 행위였다.

582 **묻을 매**

mái

소나 양, 혹은 개를 구덩이에 묻는 모습을 그렸다. 제사를 지낼 때 희생을 땅에 묻었다가 일정 시간이 지난 후 구덩이를 파서 신령들이 그 동물을 즐겼는지 확인했다.

❻ 삶과 신앙

583 **가라앉을 침**

沉 沈
chén

상나라 때의 제의의 하나인데, 신들이 즐길 수 있도록 소나 양을 통째로 물 속에 던져 넣는 모습을 그렸다.

584 **피 혈**

血
xiě/xuè

쟁반에 희생의 피가 가득 담긴 모습이다. 동물의 피는 상나라 때 신에게 바치던 공물의 하나였다. 이를 바칠 때에는 그릇에 가득 담아서 바쳤다는 뜻에서 '명(皿: 접시)'을 빌려와 혈(血)자를 만들었다.

585 **맹세할 맹**

盟
méng

군사 동맹을 맺을 때에는 동맹을 맺는 사람들이 그릇에 담긴 희생의 신선한 피를 함께 나누어 마셔야 했다. 그 때문에 그릇을 뜻하는 명(皿)자를 활용하여 맹(盟)자를 만들었다.

586 **큰 산 악**

yuè

높은 산에 또 겹치는 높은 봉우리가 있어 산들이 여럿으로 중첩된 모습으로, 보통 높은 산이 아니다. 상나라 왕이 가장 자주 제사를 지내던 대상에 '악(岳: 산악 신)'과 '하(河: 강 신)'가 있었다.

587 **강 하**

hé

형성자이다. 흐르는 강의 경우 물길이 크고 작은 것을 제외하면 개별적인 차이를 그려내기가 쉽지 않다. 그래서 형성의 방식으로 글자를 만들었다.

588 **점 복**

bŭ

갑골의 뒷면을 불로 지지면 정면에 직선과 수평 모양으로 어떤 운세를 상징하는 선이 나타난다. 이것이 점복의 결과이므로 '점복'이라는 뜻이 생겼다.

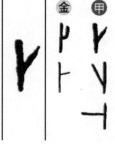

❶ 동물

❷ 전쟁 형벌 제도

❸ 일상생활 ①

❹ 일상생활 ②

❺ 기물 제작

❻ 삶과 신앙

589 **차지할 점**

zhān

갑골문에서부터 복(卜)과 구(口)로 구성되었다. 갑골 위에 나타난 운세를 상징하는 선[卜]의 방향이 신에게 물은 문제에 대한 답안인 셈인데, 일종의 길흉을 판단하는 행위였다.

역자 후기

1986년 겨울로 기억된다. 벌써 아련한 35년 전의 일이다. 허진웅 교수님께서 캐나다에서 오랜 외유 끝에 잠시 대만으로 돌아오셔서 갑골문 강의를 하신다는 소식을 대만대학의 친구로부터 들었다. 그때 대만대학으로 가서 선생님의 강의를 방청한 것이 처음으로 뵌 인연이다.

처음에 놀란 것은 학문에 대한 선생님의 성실함과 과학적 접근과 분석이었다. 우리에게 강의를 해 주시면서 당시에 나온 갑골문 등에 관한 학술 논문들을 한 편 한 편 컴퓨터 파일로 정리하여 나누어 주셨다. 각 편의 논문마다 해당 논문의 기본 정보, 내용 요약, 문제점, 해결 방안, 참고문헌 등을 기록한 파일을 출력하신 것이었다. 그때만 해도 개인 컴퓨터가 막 보급되기 시작하였고, 다른 사람들은 필사하거나 자료를 잘라 붙인 카드나 노트 등으로 자료를 정리하고 연구하던 시절이라 도트 프린트로 인쇄된 선생님의 자료들은 신선한 충격이 아닐 수 없었다. 게다가 당시로서는 보기 어려웠던 서구의 자료들은 물론 대륙의 다양한 자료들까지 포함하고 있었다. 당시는 대륙의 자료들이 마치 우리들에게서 북한자료인 것처럼 열람이 제한되어 있었다. 이들 자료를 보려면 대만국가도서관의 중국학센터[漢學中心]나 국립정치대학 동아시아연구소에 가서 허락을 득한 후 복사도 불가한 상태에서 손으로 베껴 써야만 했던 때였다. 그랬으니 그 충격과 감격은 가히 헤아릴 수 있으리라.

선생님께서는 캐나다 온타리오 박물관에서 멘지스 소장 갑골문을 손수 정리하시면서 체득한 여러 노하우들도 알려주셨는데, 그 과정에서 발견한 갑골을 지지기 위해 홈을 파둔 찬과 조의 형태에 근거해 갑골문의 시대를 구분할 새로운 잣대의 발견을 이야기할 때는 다소 흥분까지 하신 듯 했다. 동작빈 선생께서 1933년 갑골문의 시기구분 기준으로 제시했던 10가지 표준에 하나를 더 보탤 수 있는 과학적 잣대이자 획기적인 성과였다. 그리고 상나라 때의 5가지 주요 제사에 대해서도 일가견을 갖고 계셨고, 새로운 연구 성과와 경향을 다양하게 소개해 주셨다. 게다가 갑골문 연구, 나아가 한자연구에서 가져야 할 참신한 시각도 많이 제공해 주셨다. 특히 한자를 문헌과의 연계 연구에서 벗어나, 고고학 자료들과의 연계, 나아가 인류학과 연계해야 한다는 말씀을 강조하셨다. 어쩌면 왕국유 선생께서 일찍이 제시했던 한자와 문헌과 출토문헌 자료를 함께 연구해야 하며 거기서 공통된 증거를 찾아야 한다는 '이중증거법'을 넘어서 인류학 자료까지 포함시킴으로써 '삼중증거법'을 주창하셨던 셈이다. 혜안이 아닐 수 없었다. 아마도 선생님께서 캐나다라는 구미 지역에서 오랜 세월 동안 연구하셨기 때문에 이러한 영역을 연계시키고 나아가 '중국인들의 사고'를 넘을 수 있었던 것이라 생각했다.

그 후로 선생님을 마음속에서만 흠모 했을 뿐, 제대로 찾아뵙지도 못하고, 제대로 가르침을 구하지도 못했다. 1989년 귀국하여 군복무를 마치고, 1991년 운 좋게 대학에 자리를 잡아 학생들을 가르치게 되었다. 중국학의 기초가 되는, 또 우리 문화의 기저에 자리하고 있는 한자를 좀 더 참신하게 강의하고자 노력하고 있을 때였다. 그때 정말 반가운 소식을 하나 접하게 되었다. 다름 아닌 선생님의 거작 『중국고대사회』가 동문선출판사에서 홍희 교수의 번역으로 출간된 것이었다. 영어로 된 교재 편집 본을 보고 감탄하며 활용하고 있었는데, 선생님의 학문 세계를 망라한 그 방대한 책이 우리말로 번역되어 한국 독자들에게 소개된 것이다. "문자와 인류학의 투시"라는 부제가 붙어 있듯이 책은 각종 고고학과 인류학적 자료와 연구 성과들을 한자와 접목하여 그 어원을 파헤치고 변화 과정을 설명한 책이다.

너무나 기뻐 내 자신이 몇 번이고 숙독을 했음은 물론 학생들의 교재로 사용하기도 했다. 지금 생각하면 그 두껍고 상당히 학술적이기까지 한 책을 통째로 익히게 했으니 학생들이 꽤나 고생하고 원망도 많았다. 하지만 당시에는 미국과 캐나다의 중문과에서도 여러분과 같은 또래의 학부학생들이 이 책으로 꼭 같이 공부하고 있다고 하면서 경쟁력을 가지려면 한자문화권에 사는 여러분들이 이 정도는 당연히 소화해야 하지 않겠냐며 독려했던 기억이 생생하다.

필자가 지금하고 있는 한자의 문화적 해석과 한자의 어원 연구는 사실 허진웅 선생님의 계발을 받은 바가 크다. 필자의 한자 연구를 '한자문화학'이라는 구체적 방향으로 가도록 해 준 책이 바로 이 책이기 때문이다. 그러다 1994년 숙명여대 양동숙 교수님의 주관으로 한국에서 전무후무한 성대한 갑골학 국제학술대회가 열렸다. 중국 대륙의 구석규, 왕우신 선생님을 비롯해 허진웅 선생님까지 오신 것이다. 저도 어린 나이였지만 초대되어 부족하지만 「갑골문에 나타난 인간중심주의」라는 논문을 발표하여 좋은 평가를 받았으며, 그 이후로 한자문화학이라는 이 방향이 지속 가능한 연구임을 확인하게 되었다.

그 이후로는 선생님을 직접 뵐 기회가 없었다. 중국이 개방되면서 주로 대륙을 드나들면서 상해의 화동사범대학 등과 공동 연구를 주로 하면서 대만을 갈 기회가 없었기 때문이다. 그래도 선생님의 책은 꾸준히 사 모았다. 그리고 블로그 등을 통해서도 선생님의 활발한 학술활동과 연구경향 등을 확인할 수 있었다. 컴퓨터를 여전히 잘 운용하시는 선생님의 모습이 그려졌다.

그러다 2019년 5월 대만문자학회의 초청으로 학술대회에 참여했다가 서점에서 선생님의 『유래를 품은 한자』 7권을 접하게 되었다. 그간의 선생님의 관점과 연구 성과를 담은 결과물을 보다 쉽게, 보다 통속적으로 기술한 책이었다. 나이 여든이 된 세계적 대학자께서 그 연세에 청소년들을 위해 큰마음을 잡수시고 이 방대한 책을 펴냈을 것임을 직감했다. 날이 갈수록 한자를 학문적 근거 없이 편한 대로 이해하는 세태, 그 속에 담긴 문화적 속성에 대한 이해 없이 단순한 부호로만 생각하는 한자, 그리고 줄어만 가는 중국 전통문화의 연구 등등, 이러한 풍조를 바로 잡고 후학들에게 관심을 가지게 하려면 어린 청소년부터 시작하는 게 옳다고 생각하셨을 것이다. 그래서 보통 대학자들이 잘 하지 않는 통속적 저술 쓰기를 손수 실천하셨던 것이다. 사실 전문적 학술 글쓰기보다 훨씬 어려운 것이 대중적 통속적 글쓰기이다. 고희를 넘어서 산수(傘壽)에 이르신 연세에 노구를 이끌고 이런 작업을 하신 선생님의 고귀한 열정을 우리 모두 깊이 새겨야 할 것이다.

대만 학회를 마치고 오는 길에 이 책을 번역하여 한국 독자들에게 소개해야겠다는 결심을 했다. 그것이 선생님께 진 학문적 빚을 조금이라도 갚고 선생님의 지도에도 감사하는 한 방식이라 생각했기 때문이다. 돌아오자마자 해당 출판사에 번역 제의를 했고 선생님께도 이 사실을 보고해 도움을 달라고 부탁드렸다. 출판사도 선생님께서도 모두 흔쾌히 허락해 주셨다. 다만 『유래를 품은 한자』 7권과 곧이어 나올 『갑골문 고급 자전』까지 총 8권의 방대한 저작을 한꺼번에 제대로 번역할 수 있을까 하는 걱정도 갖고 계셨다. 그러나 저는 개인이 아니라 한국한자연구소의 여러 선생님과 함께 하는 팀이 있다고 말씀드렸고, 저의 책임 하에 잘 번역하겠다고 약속드렸다. 물론 연구소의 인원 모두가 참여한 것은 아니지만 중국학 전공으로 자발적으로 참여하신 선생님들을 위주로 번역 팀이 꾸려졌다.

그리고 2020년 1월 초, 한자의 시원이라 할 갑골문 발견 120주년을 기념하는 국제학술대회와 한중갑골문서예전을 우리 연구소에서 개최하기로 되어, 이 자리에 선생님을 모셨다. 고령이기도 하시거니와 외부 활동을 잘 하지 않으시는 선생님이었지만, 초청에 흔쾌히 응해 주셨다. 한국은 숙명여대 학술대회 이후 약 25년 만에 이루어진 방문이셨다. 아마도 우리 연구소와 번역 팀이 어떤지를 확인해 보고 싶기도 했을 것이라 생각한다. 이번 학회에서도 선생님께서는 유가의 3년 상의 전통이 우리가 상상하는 것보다 훨씬 이전인 상나라 때부터 존재했다는 가설을 갑골문과 관련 고고자료들을 통해 논증해주셨다. 언제나 어떤 학회를 가시더라도 항상 참신한 주제에 새로운 성과를 발표해 주시는 선생님의 학문적 태도에 다시 한 번 감동하지 않을 수 없었다.

우리 한국한자연구소는 한국한자의 정리와 세계적 네트워크와 협력 연구를 위해 2008년 출범한, 아직 나이가 '어린' 연구소이다. 그러나 한자가 동양문화의 기저이며, 인류가 만든 중요한 발명품의 하나이자 계승 발전시켜야 할 유산이라는 이념을 견지하며 여러 가지 다양한 활동을 하고 있으며, 세계한자학회의 사무국도 유치했다. 마침 2018년 한국연구재단의 인문한국플러스(HK+)사업에 선정되어 한국, 중국, 일본, 베트남 4개국의 한자 어휘 비교를 통한 "동아시아한자문명연구"를 진행하고 있다. 2025년까지 이 연구는 지속될 것이다. 한자는 동아시아 문명의 근원이고, 한자 어휘는 그 출발이 개별 한자이다. 한 글자 한 글자 모두가 중요한 개념을 글자 속에 담고 있고 수 천 년 동안 누적된 그 변화의 흔적들을 새겨 놓은 것이 한자라는 문자체계이다. 그래서 한자에 대한 근원적이고 철저한 이해는 이 모든 것을 출발점이자 성공을 담보하는 열쇠라 생각한다.

그런 의미에서 이 『유래를 품은 한자』는 우리 사업과도 잘 맞는 책이며, 통속적이고 대중적이지만 결코 가볍지도 않은 책이다. 허진웅 선생님의 평생에 걸친 연구 업적이 고스란히 녹아 있는 결정체이다. 특히 『갑골문 고급 자전』은 최신 출토 갑골문 자료를 망라함은 물론 평생 천착해 오신 갑골문과 한자어원 및 한자문화 해석에 대한 선생님의 집대성한 가장 최근의 저작이다. 이들 책에서 한자를 단순히 문자 부호가 아닌 문화적 부호로 보고 이를 문화학적 입장에서 해석하려는 노력이 특별히 돋보인다. 독자들에게 한자를 고고학과 인류학과 연결하여 보는 눈을 열어주고 한자에 담긴 새로운 세계를 인류의 역사와 함께 탐험하게 할 것이다. 그 어떤 저작보다 창의적이면서도 학술적이라 확신한다. 우리에게서도 점점 멀어져만 가는 한자, 이 책을 통해서 한자의 진면목과 숭고한 가치를 느끼고 한자와 가까워질 수 있을 것이라 믿는다. 그리고 한자에 담긴 무한한 지혜와 창의성을 체험하는 재미도 느끼게 해 줄 것이다.

다소 장황한 '후기'가 되었지만, 허진웅 선생님과의 인연과 필자가 한자 문화학의 길로 들어서게 된 연유, 그리고 그 과정에서 선생님께 입은 은혜에 대해 감사 표시라 이해해 주시기 바란다. 아울러 이 방대한 책을 빠른 시간 내에 번역할 수 있도록 참여해 주신 김화영, 양영매, 이지영, 곽현숙 교수님께도 감사드리며, 여러 번거로운 일을 마다않고 도와준 김소연 디자이너, 이예지, 최우주, 김태균, 박승현, 정소영 동학에게도 고마움을 표한다.

2020년 12월 20일
역자를 대표하여 하영삼 씁니다.

찾아
보기

찾아보기
(수록글자순)

찾아보기
(독음순)

저자/역자 소개

허진웅(許進雄)

1941년 대만 고웅 출생, 국립대만대학 중문과 졸업 후 1968년 캐나다 토론토의 로열 온타리오박물관 초청으로 멘지스 소장 갑골문을 정리, 갑골문 시기 구분 표준을 제시하는 등 갑골문 연구의 세계적 권위가가 됨.
1974년 토론토대학 동아시아학 박사학위 취득, 동아시아학과 교수 부임.
1996년 대만으로 귀국, 국립대만대학 중문과 특임교수로 재직, 2006년 퇴임 후 현재 세신대학 중문과 교수로 재직.
주요 저서에 『중국고대사회』, 『실용 중국문자학』, 『허진웅 고문자학 논문집』, 『문자학 강의』, 『갑골복사의 5가지 제사 연구』, 『갑골의 찬조 형태 연구』 등이 있다.

하영삼(河永三)

경성대학교 중국학과 교수, 한국한자연구소 소장, 인문한국플러스(HK+)한자문명연구사업단 단장. (사)세계한자학회 상임이사. 부산대를 졸업하고, 대만 정치대학에서 석.박사 학위를 취득했으며, 한자 어원과 이에 반영된 문화 특징을 연구하고 있다.
저서에 『한자어원사전』, 『한자와 에크리튀르』, 『한자야 미안해』(부수편, 어휘편), 『연상 한자』, 『한자의 세계』 등이 있고, 역서에 『중국 청동기시대』, 『허신과 설문해자』, 『갑골학 일백 년』, 『한어문자학사』 등이 있고, 『한국역대한자자전총서』(16책) 등을 주편했다.

김화영(金和英)

경성대학교 중국학과 조교수, (사)세계한자학회 사무국장, 『한자연구』 편집주임. 동의대학교 중문과를 졸업하고, 동 대학원에서 석사학위, 부산대학교에서 박사학위를 취득했으며, 한자학 관련 서적의 번역에 주력하고 있다.
저서에 『한자로 읽는 부산과 역사』(공저), 『땅띠중국어』가 있고, 역서에 『삼차원 한자학』, 『한국한문자전의 세계』, 『유행어로 읽는 현대 중국 1백년』 등이 있다.